KERRY PIERCE

Shaker Holzarbeiten

BAND 1

Hausrat und Kleinmöbel

selbst gemacht

Verlag Th. Schäfer · Hannover

Ich bedanke mich bei

Will, Robin, Bert, Ian, Weeds, B. J.,
Dave, Joe, Rob, Jessica, Sarah, Kyla, Courtney, Emily, Andy,
vor allen und besonders bei Elaine

KERRY PIERCE

© 1998 für die amerikanische Originalausgabe
»Making shaker woodenware«
bei Sterling Publishing Company, Inc., New York, N.Y., USA
und Kerry Pierce

Herausgegeben von R. Neumann
Die maßstäblichen Zeichnungen stammen von Kevin Pierce,
die Zeichnungen der arbeitenden Hände vom Verfasser

Deutsche Ausgabe:
© 2002 Verlag Th. Schäfer, Hannover
»Shaker Holzarbeiten, Band 1 –
Hausrat und Kleinmöbel selbst gemacht«
Übersetzung: Dr. Günther Heine, Dipl-Ing., Aumühle/Hamburg
Lektorat: Dr. Joachim F. Baumhauer
Satz: topLetter, Seelze
Gesamtherstellung: L.E.G.O. S.p.A., Vicenza, Italien

ISBN 3-88746-445-1
Best.-Nr. 9216

Die Herausgeber haben sich bemüht,
die in diesem Buch aufgeführten Anleitungen richtig und zuverlässig darzustellen.
Sie übernehmen jedoch keine Verantwortung
für eventuell entstehende Schäden, Verletzungen oder Verlust
gegenüber Personen oder ihrem Eigentum, seien sie direkt oder indirekt entstanden.

Die Vervielfältigung dieses Buches, ganz oder teilweise,
ist nach dem Urhebergesetz ohne Erlaubnis des Verlages verboten.
Das Verbot gilt für jede Form der Vervielfältigung
durch Druck, Kopie, Übersetzung, Mikroverfilmung
und die Einspeicherung und Verarbeitung in elektronischen Systemen etc.

Inhalt

4 Vorwort
5 Einleitung

Die Handwerkskunst der Shaker

7 Die Shaker: Schlichtheit · Harmonie · Schönheit
15 Shaker-Holzarbeiten
21 Werkzeuge
27 Werkstoffe
33 Arbeitsweisen
39 Shaker-Serienfertigung
47 In der Tradition der Shaker (Charles Harvey)

Die Projekte

55 Holzgeräte für die Küche
56 Scheffel aus Nußbaum
60 Rührlöffel aus Sassafras
63 Schöpflöffel aus Nußbaum
66 Tablett aus Riegelahorn
68 Tablett aus Kirschbaumholz mit Trennwand
73 Holzarbeiten für die Nähstube
74 Fußschemel
76 Garnrollenhalter mit Nadelkissen
79 Kleiderbügel
83 Holzarbeiten für den Arbeitsraum
84 Kerzenkasten aus Eichenmaser
86 Kerzenhalter
88 Kleiner und großer Holzhammer
92 Kästchen aus Nußbaum und Kirsche
99 Holzarbeiten für die Vorratskammer
100 Ovale Schachteln

Meisterarbeiten von Experten

114 George Rogers (Harrodsburg, Kentucky)
116 Cameron P. van Dyke (Grand Rapids, Michigan)
117 John Wilson, Oval Boxmaker (Charlotte, Michigan)
118 Literatur
119 Register

Vorwort

Ich habe mich in diesem Buch darauf beschränkt, nur einfachere Holzarbeiten der Shaker zu behandeln, Dinge, für die man nur wenig Holz und nicht allzu viel Arbeitszeit braucht. Das erlaubt es dem Holzhandwerker – wie auch dem Hobbywerker mit schmalem Geldbeutel – großzügig Maserholz zu verwenden. Genau dies haben die Shaker häufig mit viel Erfolg getan, indem sie einfache Formen mit attraktivem Maserholz kombinierten. Auch sind die in diesem Buch beschriebenen Arbeiten durchaus in ein oder zwei Wochenenden anzufertigen, so daß zwischen Arbeitsbeginn bis zur Freude am fertigen Objekt nicht mehrere Monate liegen.

Alle Arbeitsvorhaben werden mit einer Farbabbildung vorgestellt, die das fertige Stück zeigt (meinen Nachbau, nicht das Original). Dazu kommt noch eine Zeichnung mit Maßangaben (alle Maße in Millimeter), eine Stückliste und eine kurze Arbeitsanleitung. Komplizierte Arbeitsgänge sind, wo es sich als erforderlich erwies, mit Fotos illustriert.

In diesem Buch habe ich nicht jeden einzelnen Schritt bei der Fertigung der Gegenstände erklärt; ich unterstelle dem Benutzer gewisse handwerkliche Kenntnisse – trotzdem sollte es für die Herstellung der zwanzig Objekte eine gute Anleitung sein.

Zusätzlich gebe ich ein paar Informationen über die Shaker und ihre Einstellung zur Holzbearbeitung. Damit möchte ich dem heutigen Holzhandwerker, der Shaker-Objekte nachbauen will, die historischen Zusammenhänge zeigen. Es kommt mir darauf an, dem Benutzer klarzumachen, daß niemand losgelöst von allen anderen arbeitet, sondern daß wir alle Teil einer langen Reihe von Handwerkern sind, die viele hundert Jahre zurückreicht.

KERRY PIERCE

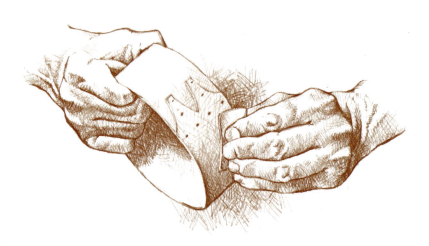

Einleitung

Als ich mit der Arbeit an diesem Buch anfing, durchstöberte ich zunächst einige meiner liebsten Bücher, das Werk über die Möbel der Shaker von John Kassay, die vier Sammlungen von vermaßten Zeichnungen von Ejner Handberg und ein paar andere und notierte mir dabei typische Beispiele.

Dann besorgte ich mir über die Fernleihe der Bibliothek zwei Bücher von June Sprigg und Jim Johnson, die speziell hölzerne Gegenstände der Shaker behandeln. Sie waren wertvolle Quellen für die Formen, von denen ich einige vorher noch nicht gesehen hatte. Beide Bücher, »Shaker Woodenware, A Field Guide«, Band 1 und 2, sind eigentlich mehr für Sammler als für Handwerker geschrieben. Auch hier notierte ich mir typische Beispiele.

Als ich soweit war, brachte ich eine gewisse Ordnung in die vorgemerkten Beispiele. Zunächst strich ich alle Vorhaben, die ins Gebiet der Böttcherei gehören, da dafür spezielle Werkzeuge und Kenntnisse erforderlich sind.

Fast hätte ich aus dem gleichen Grund auch die ovalen Schachteln gestrichen. Nachdem ich aber einige Wochen darüber nachgedacht hatte, kam ich zu der Einsicht, daß kein Buch über dieses Thema ohne die ovalen Schachteln vollständig wäre, da gerade sie Inbegriff der Shaker-Holzarbeiten schlechthin sind.

Zum Glück ist das Gebiet der Holzarbeiten der Shaker groß und vielfältig und bietet eine Fülle von ansprechenden Formen, auch wenn man die Böttcherarbeiten einmal außen vor läßt. Die von mir ausgewählten Vorhaben sind vier Bereichen zugeordnet: Küche, Nähstube, Arbeitsraum und Vorratskammer; sie stellen meiner Meinung nach eine durchaus repräsentative Sammlung dar, mit der man auch wirklich etwas anfangen kann.

Den Schemel (siehe Seite 78) stellte ich nach dem Zusammenbau und Auftrag des ersten Farbanstrichs zum Trocknen auf eine über zwei Böcke gelegte Sperrholzplatte. Als ich anschließend Holz auf Breite zusägte, stieß ich gegen die Sperrholzplatte, der Schemel rutschte herunter und fiel zu Boden. Als ich ihn aufgehoben hatte, fand ich nicht nur die zu erwartenden Dellen, die mit Dampf und Schleifpapier hätten ausgebessert werden können, sondern ich mußte vielmehr feststellen, daß sich die obere Stufe teilweise gelöst hatte.

Das hätte niemals passieren können, wenn die Stufe und die Seitenteile mit verkeilten Zapfen verbunden worden wären, wie es bei vielen vergleichbaren Arbeiten der Shaker üblich war.

Daher beschloß ich für derart beanspruchte Konstruktionen keine genagelten, stumpfen Verbindungen mehr einzuplanen, auch wenn ich eigentlich vorhatte, mich genau an die historischen Arbeiten der Shaker zu halten (mit der oben erwähnten Ausnahme der Böttcherarbeiten).

Auf der anderen Seite wollte ich Nagelverbindungen dort beibehalten, wo sie angebracht sind, wie bei den Böden der kleinen mit Zinkenverbindungen gefertigten Kästchen (sie sind zu klein, um etwas Schweres aufzunehmen). Wenn dagegen ein Gegenstand mit Zinkenverbindung oder Schlitz und Zapfen im Gebrauch haltbarer und besser ist, würde ich diese Änderung vornehmen, auch wenn das nicht dem Original der Shaker entspricht.

Das heißt nicht etwa, daß ich die Shaker-Handwerker, die diese Gegenstände einst herstellten, nicht achten würde. Sie waren außerordentlich erfahren, aber sie stellten diese Dinge für andere Zwecke her, als ich es in meiner Werkstatt tat. Ich wollte Dinge anfertigen, die in meinem amerikanischen Haus des 20. Jahrhunderts (mit Kindern) halten sollten, während die Shaker-Handwerker dauerhafte Dinge für eine nach außen hin abgeschlossene und disziplinierte Gemeinschaft herstellten, in der es fast keine Kinder gab.

Dann machte ich gegenüber den Originalen noch andere Änderungen, und zwar aus ästhetischen Gründen. So wollte ich zunächst bei dem Tablett mit Trennwand die Nagelverbindung des Originals aus Festigkeitsgründen durch Zinken- und Nutverbindungen ersetzen. Als ich mir dann aber Gedanken über den Kastenboden machte, kamen andere Überlegungen hinzu. Sicherlich würde ein an den mit klassischen Verbindungen verstärkten Rahmen genagelter Boden alle Belastungen aushalten, die von dem Inhalt in den beiden Fächern herrühren könnten, aber wie würde dieser Boden aussehen? Am Original war er einfach unter die Längs- und Querseiten genagelt und dann ringsum bündig gehobelt worden. An einem Kasten, dessen Rahmen genagelte Stoßverbindungen besitzt, war das völlig angemessen. Würde aber ein derart primitiver Boden wirklich zu einem Rahmen mit Zinkenverbindungen passen?

Entschieden nicht. Daher beschloß ich, den Boden ringsum 3 mm größer zu machen und den Überstand mit einem Hobel zu runden. Dieses Profil, so glaubte ich, würde dem Kasten ein gefälligeres Aussehen geben, und der Boden würde so besser zu dem Rahmen passen.

Bei der Ausarbeitung der anderen Projekte nahm ich in gleicher Weise gegenüber den Originalen kleine Änderungen vor, die meinem persönlichen Empfinden entsprachen.

Es gibt eine kompromißlose Einstellung, die – vielleicht sogar zu Recht – darauf beharrt, daß man sich bei Nachbauten von Möbeln und hölzernen Geräten in allem exakt an die Originale zu halten habe, bis hin zu den Holzarten, der Oberflächenbehandlung und den Spuren von Bearbeitungswerkzeugen. Wer so denkt, den bitte ich hiermit von vornherein um Entschuldigung, denn dieses Buch richtet sich nicht an ihn. Es ist vielmehr für jene Holzhandwerker gedacht, die wie ich von den klaren Linien und dem einfallsreichen Design der hölzernen Geräte der Shaker angezogen sind, aber dann doch Nachbauten entsprechend ihren eigenen Vorstellungen machen wollen.

Die Shaker

Schlichtheit, Harmonie, Schönheit

Aus unserer heutigen Sicht zu Beginn des 21. Jahrhunderts
sind Schlichtheit, Harmonie und Schönheit Qualitäten,
die wir mit den Shakern des 19. Jahrhunderts verbinden.
So zeigen die Fotos in dem Buch »Shaker Life, Work, and Art«
von June Sprigg und David Larkin ruhige, sorgfältig aufgeräumte
und gut ausgeleuchtete Inneneinrichtungen.
Darin sind die wesentlichen Gebrauchsgegenstände der Shaker
– Schüsseln, Werkzeuge, Körbe und Schachteln –
in jener selbstverständlichen Ordnung ausgebreitet,
die wir uns alle für unser Leben wünschen.

Charles Harvey

Obwohl dieses Bild von den Shakern durchaus zutrifft – es spiegelt aber nicht die einzige Seite dieses Phänomens aus dem Amerika des 19. Jahrhunderts. In den frühen Jahren war die Geschichte der Shaker auch durch Verfolgung, Gewalt und materieller Armut gekennzeichnet.

England

Im Jahre 1758 schloß sich die Gründerin der Shaker, Mutter Ann Lee – eine einfache Arbeiterin aus dem englischen Manchester –, einer Gruppe von abtrünnigen Quakern unter James und Jane Wardley an. Ann Lee lebte ganz in ihrem Glauben, vielleicht weil ihr persönliches Leben sehr unglücklich war – ihre vier Kinder starben alle sehr früh. Bald wurde sie eine der führenden Persönlichkeiten in der Gruppe um Wardley, die als Shaking Quakers bekannt wurden, weil sie in Zuckungen verfielen, während sie vom Heiligen Geist erfüllt waren.

Als Ann Lee im Jahre 1770 wegen Verletzung des Sabbats in einem englischen Gefängnis einsaß, hatte sie eine Vision, bei der ihr die grundsätzlichen Prinzipien klar wurden, die später für die amerikanische Shakergemeinde gelten sollten.

Die erste und wichtigste Regel war das Zölibat. Sie glaubte, daß viel vom menschlichen Leid aus sexuellem Verlangen herrührte. Sie beschloß daher, eine neue Lebensform einzuführen, bei der Mann und Frau wie unschuldige Kinder zusammenleben sollten, ohne von sexueller Lust behelligt zu sein. In der Praxis führte diese Überzeugung zu dem nach Geschlechtern getrennten Wohnen, das typisch für Shakergemeinden in Amerika wurde.

Gleichheit war ein anderes Thema der Shaker, das in dieser Zeit Bedeutung erlangte. Ann Lee hing der damals radikalen Auffassung an, daß jedermann vor Gott gleich sei, ohne Rücksicht auf Geschlecht, Rasse oder Alter. Diese Einstellung haben sie und ihre Anhänger in der Tat verwirklicht. Frauen genossen sogar in den zahlreichen Shakergemeinden, die später auf amerikanischem Boden entstanden, gleiches Ansehen wie die Männer, bisweilen sogar ein höheres.

Schlichtheit in allen Dingen, besonders bei allen Gegenständen, war eine weitere Forderung der Shaker, die sich in dieser Zeit herauskristallisierte. Dieses Konzept gab später den Arbeiten aus den Werkstätten der Shaker ihre unverkennbare Qualität. Versammlungshäuser, Maschinen und Holzgeräte waren allesamt mit einer eleganten Schlichtheit entworfen, bei der sich die Form eng an die Funktion lehnte und bei der die menschliche Neigung zur Ausschmückung rigoros unterbunden wurde.

Mutter Ann hatte während eines späteren Gefängnisaufenthalts in England eine weitere Vision, die ihr offenbarte, daß ihre Ideale auf dem amerikanischen Kontinent zur Entfaltung kommen würden. Im nächsten Frühjahr segelte sie am 19. Mai 1774 mit einer Gruppe von ergebenen Anhängern, darunter ihr Mann Abraham Stanley und ihr Bruder William Lee, von Liverpool in England nach New York.

◄ Schwester Sarah Collins flicht einen Stuhlsitz in ihrem Arbeitsraum (1930). Interessant ist die Spannvorrichtung, mit der der Stuhl in bequemer Arbeitshöhe gehalten wird. Sie läßt sich schwenken, um die Unterseite des Stuhlsitzes flechten zu können.
Um die Wende vom 19. zum 20. Jahrhundert fand die Stuhlfertigung in New Lebanon, New York, allmählich ein Ende; die Männer und Frauen, die dabei gearbeitet hatten, wurden alt und starben. In den letzten Jahren ihres Bestehens arbeiteten im Arbeitsraum am Mount Lebanon zwei Frauen: Schwester Lillian Barlow und Schwester Sarah Collins. Schwester Lillian starb 1942, Schwester Sarah fünf Jahre später. Damit nahm dieses einst florierende Gewerbe ein endgültiges Ende.
Aus der Sammlung des New York State-Museums in Albany, New York.

New York

Die ersten Jahre in Amerika waren für Ann von Mißerfolgen und Enttäuschungen gekennzeichnet. Weil das Geld fehlte, um eine Gemeinde zu gründen, wie sie ihr vorschwebte, mußten sich die Mitglieder ihrer Gruppe trennen und Arbeit suchen. Ann arbeitete als Wäscherin, verdiente aber kaum genug, um satt zu werden. Kurz nach der Ankunft in New York verließ ihr Mann sie, weil sie auf dem Zölibat bestand.

Als die Lage für Ann und ihre Gefolgsleute kaum noch schlechter werden konnte, hörten sie, daß in der Nähe von Albany, New York, Land zu verkaufen war. Drei Mitglieder der Gruppe reisten dorthin, begutachteten das Land und kauften rund 81 Hektar. Diese Gegend hieß Watervliet, und dort entstand die erste Shakergemeinde. Obgleich sie damit einen Ort gefunden hatten, um die Vision von Ann zu verwirklichen, waren ihre Sorgen noch nicht vorüber. Drei Jahre nach dem Kauf des Landes bauten sie ihr erstes Gemeindehaus, um dann mitansehen zu müssen, wie es bis auf die Grundmauern abbrannte. Die Gruppe sah sich dann vor der entmutigenden Aufgabe, von neuem anzufangen. Zu dieser Misere kam noch, daß sie während der fünf ersten, harten Jahre ihrer Anwesenheit in Amerika noch nicht ein einziges neues Mitglied hatten werben können.

1780 begannen schließlich ihre Geduld und Hartnäckigkeit, Früchte zu tragen. Der Baptistengeistliche Joseph Meacham interessierte sich für Ann Lee und ihre Vision. Er akzeptierte Anns Behauptung, daß sie und Christus die geistigen Väter der Menschheit seien. Er trat zu ihrem Glauben über und mit ihm die meisten seiner Gemeinde. Bald schlossen sich andere an.

Dieser Erfolg hatte jedoch seinen Preis. Aufmerksam geworden durch den Erfolg von Anns Bekehrungswerk, begannen die Behörden, sich für sie zu interessieren. Ein weiteres Mal fand sich Ann Lee im Gefängnis wieder, jetzt aber in ihrer Wahlheimat Amerika.

Als sie im Dezember 1780 entlassen wurde, ging sie unverzüglich wieder an die Arbeit. Sie und ihr Bruder William unternahmen eine mehr als zweijährige Missionsreise durch den Staat New York und benachbarte Staaten, um ihr Bekehrungswerk zu beschleunigen. In einigen Gegenden wurde Ann als geistliche Anführerin empfangen und mit Respekt behandelt.

Schöpfkelle. Etwa 1830–1845. Giles Bushnell Avery (1815–1890) in New Lebanon, New York, zugeschrieben. Birke, Weymouthskiefer, Ahorn, Eisen, Kupfer. 165 mm ⌀ × 267 × 117 mm.

Aus der Sammlung des Shakerdorfs Hancock in Pittsfield, Massachusetts. Foto: Paul Rocheleau.

Bütte. Etwa 1850.
Vermutlich aus Harvard oder Shirley in
Massachusetts. Weymouthskiefer, Farbe,
Eisen. 241 mm × 302 mm ⌀ × 314 mm ⌀.

Aus der Sammlung des Shakerdorfes
Hancock in Pittsfield, Massachusetts.
Foto: Paul Rocheleau.

In anderen wiederum wurde sie schikaniert und von einer wütenden Menge angegriffen. Schließlich kehrte sie, von den Anstrengungen der Reise und der Bekehrungsarbeit erschöpft, zum Wohnsitz von Joseph Meacham zurück. Ein Jahr später starb Ann Lee im Alter von achtundvierzig Jahren, schwermütig geworden durch den einen Monat früher eingetretenen Tod ihres Bruders, lange bevor die von ihr gegründete Gemeinde ihren Höhepunkt erreichen sollte.

Joseph und Lucy

Vor ihrem Tod hatte Ann Lee zwei Personen benannt, die ihrer Ansicht nach besondere Begabungen hatten. Der eine war Joseph Meacham, der ehemalige Geistliche der Baptisten. Die andere war Lucy Wright. Innerhalb von drei Jahren nach dem Tode von Ann Lee hatten diese beiden die Führung in der Bewegung der Shaker übernommen und begonnen, Strukturen zur Gestaltung der Zukunft von Tausenden aufzubauen, die schließlich bekehrt werden sollten.

Das erste und einschneidenste Vorhaben war die Idee von einer Siedlung für die Gemeinde. Bis dahin wohnten die Bekehrten weiterhin in ihren eigenen Häusern. Aber Vater Joseph und Mutter Lucy entschieden, daß eine strengere Abgeschiedenheit notwendig wäre, um die Anhänger vor den Versuchungen der Außenwelt zu schützen. So begannen sie, in New Lebanon ostwärts von Albany im Staate New York eine Gemeindesiedlung aufzubauen.

Hängeleiste mit Geräten.
Aus der Sammlung des Shakerdorfes Hancock in Pittsfield, Massachusetts.

Fünfarmiger Bügel. Etwa 1860–1880.
Vermutlich aus Hancock in Massachusetts.
Weymouthskiefer, Kupfer.
705 × 400 × 12 mm.

Pfeifenständer und Pfeifen. Etwa 1840–1860.
Vermutlich aus Watervliet im Staate New York.
Weymouthskiefer, Eisen verzinnt, Birke, Messing, Ton. 356 × 289 × 76 mm.

Stiefelknecht. Etwa 1800–1850.
Aus New Lebanon im Staate New York.
Birke, Eisen. 410 × 108 × 48 mm.

Der erste Schritt bei dieser Maßnahme war die Umsiedlung von etwa hundert Gläubigen in die Nähe der Farmen anderer Gläubiger. In diesen Kommunen wurde persönlicher Besitz zu Gemeingut. Schließlich wurde eine Gemeindesiedlung gebaut, die sich zu der wichtigsten Shakergemeinde entwickeln sollte.

In den nächsten zehn Jahren führten Vater Joseph und Mutter Lucy eine Reihe von Regeln ein, um der Lebensart der Shaker Ausdruck zu verleihen. Eine davon war eine Rangordnung, die die verschiedenen Ebenen der Bindung an den Glauben der Shaker ausdrückte. Unter anderen war ein Vertrag, ein Dokument, das alle Shaker unterschreiben mußten, um damit ihre Verpflichtung zu der Shakergemeinde zu bekräftigen. Vater Joseph und Mutter Lucy trugen auch dazu bei, Gesetze für die Verwaltung und den Handel der Shaker festzulegen. Außerdem änderte Vater Joseph die Art, mit der sich die Shaker bei ihren Gottesdiensten aufführten, indem er das wilde Zucken und Hüpfen abschaffte, von dem der Name Shaker herrührte. Statt dessen führte er einen zurückhaltenderen und mehr formalen Tanz ein, den jeder, gleich welchen Alters oder welcher körperlicher Verfassung, ausüben konnte.

Vater Joseph starb 1796. Während der nächsten fünfundzwanzig Jahre – der Periode der weitesten Verbreitung der Bewegung – führte Mutter Lucy die Shaker.

Am Neujahrstag 1805 schickte sie drei Glaubensbrüder auf eine Missionsreise nach Ohio, Kentucky und Indiana. Hiermit erfüllte sie eine Prophezeiung von Mutter Ann Lee, daß eine weitere Wiedergeburt im Westen stattfinden würde. Die Reise hatte einen überwältigenden Erfolg und führte zur Gründung von neun neuen Shakergemeinden in Ohio, Kentucky, Indiana und im westlichen Teil des Staates New York.

Als Mutter Lucy 1821 starb, war sie die Führungsfigur einer Gesellschaft, die sechzehn verschiedene Gemeinden in acht Staaten mit über zweitausend Anhängern umfaßte.

In den folgenden zwanzig Jahren wurden drei weitere Gemeinden gegründet, und die Zahl der Shaker stieg auf über sechstausend.

Während dieser Zeit nahm man in Amerika bereits die erstaunliche Menge der von den Shakern erzeugten Güter – besonders ihrer Holzarbeiten – zur Kenntnis. Es gibt Dokumente, die belegen, daß schon in den letzten Jahrzehnten des achtzehnten Jahrhunderts Stühle verkauft wurden, aber erst zu Beginn des 19. Jahrhunderts wurden weithin Stühle, ovale Schachteln, Besen, Siebe und Spinnräder verhandelt.

Anfänglich waren die in den Gemeinden der Shaker angefertigten Holzarbeiten nur für den ausschließlichen Gebrauch der Shaker selbst bestimmt. Später war es erlaubt, überzählige Waren auswärts zu verkaufen, um ein Einkommen zu erzielen. Stühle und ovale Schachteln waren sicher die wichtigsten Erzeugnisse, die an Außenstehende verkauft wurden. Stühle wurden zu Tausenden im Arbeitsraum in New Lebanon hergestellt, und ovale Schachteln wurden ebenfalls zu Tausenden in einer Reihe von Shakergemeinden angefertigt.

Der Niedergang

Mit der Zeit geriet die Shaker-Bewegung ins Stokken. Die Verpflichtung zum Zölibat war sicherlich einer der Gründe für diesen Niedergang.

Im Gegensatz zu den Gläubigen anderer, größerer Glaubensrichtungen zeugten die Shaker keine Kinder, die sie ihren Grundsätzen gemäß hätten erziehen können. Das Zölibat erforderte auch einen Akt der Vergeistigung, den viele nicht vollziehen konnten oder wollten, obgleich sie andererseits die Glaubensrichtung attraktiv fanden. Es kam noch hinzu, daß sich die Sozialpolitik der amerikanischen Staaten in den letzten Jahrzehnten des 19. Jahrhunderts Waisen gegenüber änderte. Die Staaten begannen, Gesetze zur Regelung der Adoption zu erlassen, und andere Kirchen sowie weltliche Organisationen spielten eine aktivere Rolle in der Fürsorge für die Waisen der Gesellschaft. Diese Veränderungen nahmen den Shakern eine ihrer wichtigsten Möglichkeiten, neue Anhänger zu gewinnen.

Während der zweiten Hälfte des 19. Jahrhunderts gab es auch nicht mehr die große materielle Not, die bisher das Leben bei den Shakern für viele so attraktiv gemacht hatte. Die Armen und Besitzlosen kamen nicht mehr zu den Gemeinden der Shaker, um die Religion, mit der sie aufgewachsen waren, gegen Nahrung, Unterkunft und Sicherheit einzutauschen. Es kam hinzu, daß der Glaube vieler Shaker durch die Verlockungen der aufblühenden amerikanischen Städte erschüttert wurde.

Siebzehn Shakergemeinden hatten um 1960 ihre Tore geschlossen, und nur eine Handvoll von Shakern war in den beiden letzten Shakergemeinden übriggeblieben, im Shakerdorf Canterbury in New Hampshire, das 1965 seine Tore für Bekehrte schloß, und in der Gemeinde am Sabbathday-See in Maine.

Shaker-Holzarbeiten

In der Frühzeit der Shaker-Bewegung in Amerika
waren ihre Holzarbeiten nicht von den Arbeiten zu unterscheiden,
die außerhalb dieser Gemeinden, von nicht zu
den Shakern gehörenden Handwerkern, hergestellt wurden.
Schließlich waren die ersten Holzhandwerker
bei den Shakern einfach nur Bekehrte,
die ihre Werkzeuge und Arbeitsweise
für die Herstellung von Möbeln und Holzarbeiten
von außerhalb mitgebracht hatten.

In den ersten beiden Jahrzehnten des 19. Jahrhunderts begannen die Shaker-Handwerker die Grundsätze ihres Glaubens auf sehr eindrucksvolle Weise zu zeigen. Historische Aufzeichnungen belegen deutlich, daß in jener frühen Zeit die religiösen Anführer einfache, schlichte Formen forderten. Einer davon, Joseph Meacham, der Nachfolger von Mutter Ann, hinterließ einige Schriftstücke, in denen ausdrücklich die Bedeutung von Schmucklosigkeit und Schlichtheit bei allen Erzeugnissen der Shaker betont wird.

Das veranlaßte die Shaker, bei der Gestaltung ihrer Möbel Ornamente wegzulassen und eine immer größere Schlichtheit anzustreben, während sich die Holzhandwerker im übrigen Lande bemühten, die floralen Formen des amerikanischen Empirestils zu beherrschen. In falschen Händen hätte das Weglassen von Schmuckelementen zu groben Formen führen können, aber die Shaker hatten zum Glück viele begabte Handwerker in ihren Reihen. Diese ließen eben nicht nur Äußerlichkeiten weg, sondern schufen bei ihrem Streben nach Schlichtheit eine vornehme Schönheit.

Aus den ersten Jahrzehnten des 19. Jahrhunderts gibt es nur wenige Möbel und Holzarbeiten, die sich einzelnen Shakern zuschreiben lassen. Aber selbst bei dem ältesten erhaltenen Möbel – einer Kommode, vermutlich um 1809 in New Lebanon gefertigt – sind bereits die einfachen Proportionen zu finden, die auch viel spätere Arbeiten charakterisieren. Sechs Schubladen von halber Breite in zwei Blocks jeweils übereinander angeordnet befinden sich über sechs Schubladen in voller Breite, die wiederum auf einem schlichten Sockel mit vier Brettfüßen ruhen. Der Übergang vom Sockel zu den Schubladen ist durch eine profilierte Kante markiert, abgesehen davon zeigt die Kommode die strenge Geometrie der Gemälde eines Piet Mondrian.

Diese strenge Linie zieht sich unvermindert durch die erste Hälfte des 19. Jahrhunderts hin. So gibt es viele Kommoden der Shaker mit der gleichen Schubladenanordnung und sehr ähnlichen Proportionen. Wie vielfach üblich, waren etliche eingebaut; andere wie die Kommode aus New Lebanon standen frei im Raum.

Wenn auch die Formen – wie beispielsweise beim Säulentisch mit geschwungenen Füßen – von der Welt außerhalb der Shaker entlehnt wurden, so wandelten die Shaker diese Formen doch im Sinne ihrer eigenen Ästhetik ab. Während Säulentische von außerhalb womöglich eine kunstvoll gedrechselte und vielleicht auch noch beschnitzte Säule und beschnitzte Füße besaßen, hatten die Säulentische der Shaker meist eine schlicht gedrechselte Säule, die sich von unten bis oben stetig verjüngte. Bei den Modetischchen von außerhalb waren die Füße oft in

◀ Eine Aufnahme von Delmer Wilson in seinem Geschäft vor 1083 ovalen Schachteln mit Henkel, die er im Winter 1922/23 angefertigt hatte.
Wilson wuchs in der Gemeinde der Shaker am Sabbathday-See auf, wohin ihn seine Mutter mit acht Jahren gebracht hatte. Er entwickelte sich zu einem vielseitigen Fachmann in etlichen Handwerken und Künsten. Eine solche Vielseitigkeit war bei den Handwerkern der Shaker nichts Außergewöhnliches. Viele hervorragende Tischler waren außerdem noch Bienenzüchter, Steinmetze, Zimmerleute usw.
Sammlung der »The United Society of Shakers«, Sabbathday Lake, Maine

die Säule eingegratet, was einiges Können erforderte; bei den schlichteren Tischchen der Shaker wurde diese Verbindung ebenfalls so hergestellt. Die Shaker hielten nämlich die Qualität einer Konstruktion für absolut notwendig, Verzierungen jedoch nicht.

In den letzten Jahrzehnten des 19. Jahrhunderts, als die Mitgliederzahl in den einzelnen Gemeinden rückläufig war, verloren auch viele Holzarbeiten der Shaker ihre einzigartige Ästhetik, als man anfing, die Formen der Arbeiten von außerhalb zu übernehmen. Thomas Fisher (1823–1902), der in der Shakergemeinde von Enfield in Connecticut arbeitete, fertigte eine große Zahl von Möbeln mit den unverkennbaren Merkmalen des viktorianischen Stils an. Vieles davon war aus Eiche hergestellt, einer Holzart, die für die klassischen Möbel und Holzarbeiten der Shaker kaum verwendet wurde, wenngleich es das bevorzugte Holz für die außerhalb angefertigten viktorianischen Möbel war. An den Arbeiten von Bruder Thomas finden wir große, ornamental gegossene Griffe, profilierte Kanten an Tischplatten und übergreifenden Schubladenfronten sowie eine reichliche Verwendung aufgeleimter Profile. Henry Green (1844–1931), der in der Shakergemeinde Alfred in Maine tätig war, fertigte ebenfalls Arbeiten an, die den Einfluß von außerhalb deutlich zeigen. Mehrere Schreibtische, die Bruder Henry zugeschrieben werden, zeigen kunstvoll gedrechselte kleine Säulen und spielerisch gemusterte Laubsägearbeiten.

Ovale Schachteln mit Henkel.

Obere: Etwa 1860–1880.
Vermutlich aus Canterbury,
New Hampshire.
Birke, Weymouthskiefer,
Hickory, Beize, Kupfer.
190 × 282 × 203 mm.

Untere: Etwa 1850–1870.
New Lebanon, New York.
Birke, Weymouthskiefer,
Esche, Kupfer.
178 × 381 × 311 mm.

Aus der Sammlung des Shakerdorfs Hancock in Pittsfield, Massachusetts.
Foto: Paul Rocheleau.

Diese Arbeiten im Mischstil machen nicht mehr einen derart gefälligen Eindruck wie diejenigen von früheren Shaker-Handwerkern aus der ersten Hälfte des 19. Jahrhunderts. Obgleich sie noch mit der typischen Sorgfalt klassischer Shakermöbel angefertigt sind, drücken sie doch nicht mehr so klar jene Ordnung und Zurückhaltung aus, wie sie frühere Holzarbeiten der Shaker ausstrahlen.

Aber nicht alle Arbeiten der Shaker aus den letzten Dekaden der Blüte der Gemeinschaft waren durch die Formen und Geschmacksrichtung der äußeren Welt verfälscht. Einige behielten ihre Schlichtheit und Geradlinigkeit bis weit ins 20. Jahrhundert hinein. Ein Beispiel dafür sind die ovalen Schachteln mit und ohne Henkel, die Delmer Wilson (1873–1961) anfertigte. Das historische Foto auf Seite 16 aus dem Jahre 1923 zeigt Bruder Delmer vor 1083 ovalen Schachteln mit Henkel aus gebogenem Holz, die er im Winter davor hergestellt hatte. Wie ihre Vorläufer haben diese Schachteln eine einfache ovale Form, die durch Herumbiegen einer Länge von dünnem, schmiegsam gemachtem Holz um eine Form erzeugt wird. Zusammengehalten wird das Oval durch kleine Kupfernägel. Diese werden durch fingerförmige Ansätze getrieben, die an einem Ende der Überlappung ausgeschnitten sind. Die Kästen werden dann mit einem Boden vervollständigt, der in das Oval eingepaßt und vernagelt wird sowie durch einen Henkel, dessen Enden mit den Seiten vernietet sind.

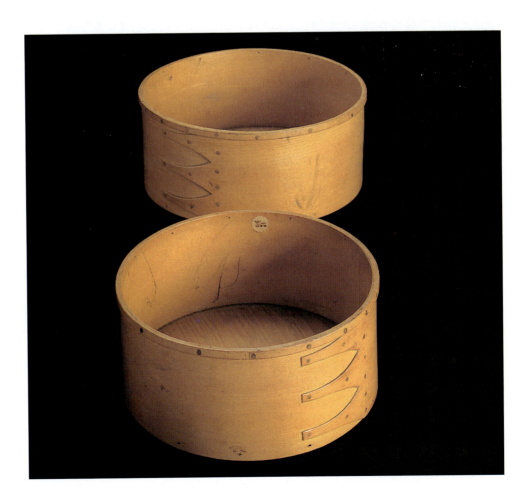

Spucknapf (vorn).

Etwa 1840–1860.
New Lebanon, New York.
Zuckerahorn, Weymouthskiefer,
Beize, Kupfer.
83 mm × 182 mm ⌀.

Aus der Sammlung des Shakerdorfes
Hancock, Pittsfield, Massachusetts.
Foto: Paul Rocheleau.

Obgleich diese Schachteln mit Henkel 1923 gefertigt wurden, hätten sie ebensogut zu einer Reihe von gleichen Schachteln gepaßt, die fünfundsiebzig Jahre früher hergestellt wurden.

Die Möbel und Holzarbeiten der Shaker aus ihrer besten Zeit vermitteln einen greifbaren Ausdruck von der Schlichtheit, die Mutter Ann Lee als notwendiges Merkmal in der von ihr gegründeten Gemeinde bezeichnete. Eine Kommode sollte einem Bruder oder einer Schwester Platz für Kleidungsstücke bieten. Mit einem Schöpflöffel sollte man Wasser aus einem Eimer zum Mund führen können. Ein Scheffel sollte dazu dienen, Mehl aus einem Behälter in die Rührschüssel zu bringen. Formen, bei denen die Funktion nicht den Vorrang hatte, wurden als unpassend angesehen. Diese klare Synthese von Form und Funktion hat den Möbeln und Holzarbeiten ihre elegante Würde verliehen, die wir selbst heute noch empfinden, obgleich wir in einer Welt leben, die den Shakergemeinden sehr fern ist.

Schöpflöffel. Etwa 1800–1850. Herkunftsgemeinde unbekannt. Holz nicht bestimmbar, vielleicht Butternuß (Juglans cinerea) oder Ulme, Farbe. 76 × 184 mm × 130 mm ⌀.

Aus der Sammlung des Shakerdorfes Hancock, Pittsfield, Massachusetts. Foto: Paul Rocheleau.

Werkzeuge

Als ich vor fünfundzwanzig Jahren zum ersten Mal mit Holz arbeiten wollte, wohnten meine Frau und ich in einem acht Meter langen Wohnwagen. Für eine Lilliputanerfamilie wäre er wahrscheinlich groß genug gewesen, aber für zwei normale Amerikaner von heute war es reichlich eng. Zugegeben, zwei Freunde konnten nach dem Abendessen hereinschauen, aber wenn wir uns nicht mit ihnen in die Eßecke quetschen wollten, mußten meine Frau und ich auf dem Fußboden sitzen.

Der Einhandhobel ist ein äußerst vielseitiges Werkzeug.

Charles Greaves (1828–1916), ein Holzhandwerker der Shaker, hält eine Rückensäge in der rechten und eine Bohrwinde nebst einigen anderen Werkzeugen in der linken Hand.
Das Foto entstand um 1910 in der Shakergemeinde New Lebanon.
Aus der Sammlung des New York State-Museums, Albany, New York.

Für eine Werkstatt gab es einfach nicht genug Platz. Selbst wenn ich den Wohnwagen ganz ausgeräumt und meine Frau und ich im Freien geschlafen hätten, wäre der Platz nicht einmal groß genug für das Minimum an Werkstattraum gewesen, wie es in Fachzeitschriften angegeben wird.

Meiner Absicht, ein Holzhandwerker zu werden, stand noch ein anderes Hindernis im Wege. Ich hatte keine Werkzeuge.

Ich muß allerdings zugeben, daß sich unter unserem Bett ein Blechkasten befand, der eine Reihe von ausgemusterten Dingen enthielt, die mir mein Vater gegeben hatte. In dieser Sammlung befanden sich jedoch nur zwei Dinge, die als Holzbearbeitungswerkzeuge angesprochen werden konnten: ein 500-Gramm-Zimmermannshammer und eine Fuchsschwanzsäge mit völlig verrostetem Blatt. Die anderen Werkzeuge, Schraubenschlüssel und Schraubendreher, waren in einer Holzbearbeitungswerkstatt kaum zu verwenden.

Kurz gesagt, Holzbearbeitung kam so nicht in Frage. Ich hatte keinen Platz und keine Werkzeuge. Aber ich war jung, und es war mir nicht klar, daß ich mir etwas vorgenommen hatte, was nicht zu machen war.

Mexikanische Schachfiguren

Wir wohnten damals im Süden von Texas, dicht nördlich der mexikanischen Grenze. An den Wochenenden fuhren wir über die Grenze nach Reynosa oder Matamoros, um einzukaufen und zu Abend zu essen. Man muß wissen, daß ich mir als junger Lehrer mit einem Jahreseinkommen von etwas über siebentausend Dollar kaum spontane Einkäufe auf der amerikanischen Seite der Grenze erlauben konnte, aber in Mexiko waren die Preise niedrig genug, um mir dies zu ermöglichen.

Wir waren im mittleren Westen aufgewachsen und kannten bis dahin nur Industrieerzeugnisse. Daher waren meine Frau und ich von den handwerklich hergestellten Dingen auf den mexikanischen Märkten und in den Läden an der Grenze sehr angetan: Blusen und Kleider mit handgearbeiteter Stickerei, mit Schnitzerei verzierte Fässer und Truhen,

schlichte Stühle und als Haupthandelsartikel für Touristen – gedrechselte Schachfiguren.

Bei einem unserer Ausflüge über die Grenze kaufte ich solche Schachfiguren. Dann stellte ich sie zu Hause auf und betrachtete jede einzelne Figur sehr genau. Obgleich es offensichtlich Handarbeit war, sah jede Drechselarbeit deutlich anders aus, und die Ausführung der Figuren zeigte erhebliche Qualitätsunterschiede. Während einige Figuren scharfkantig gedrechselt und sauber geschliffen waren, hatten andere noch anhängende Stückchen der Rinde oder tiefe Einschnitte von einer ausgerutschten Drehröhre. Andere waren beim Trocknen gerissen.

Es stimmte, daß es Handarbeit war, aber keine gute. Da nahm ich mir vor, als erste Holzarbeit Schachfiguren anzufertigen.

Ein Messer, ein Dekupiersägebogen und ein kleiner Schraubstock

Ich besaß keine Drehbank und konnte es mir nicht leisten, eine zu kaufen. Außerdem verstand ich nichts vom Drechseln und hätte deshalb das Geld auch nicht für eine Bank ausgegeben wenn ich es gehabt hätte. Ich wollte also die Figuren schnitzen. Aber welche Werkzeuge brauchte ich dazu?

Bei einem örtlichen Holzhändler fand ich in einem Kasten mit Sonderangeboten einen Satz japanischer Schnitzeisen für einen Dollar. Beeindruckt vom Preis und der Plastikverpackung mit einzelnen Fächern für jedes Schnitzeisen, kaufte ich den Satz. Zu Hause probierte ich sie an einem Abfallstück Weymouthskiefer aus.

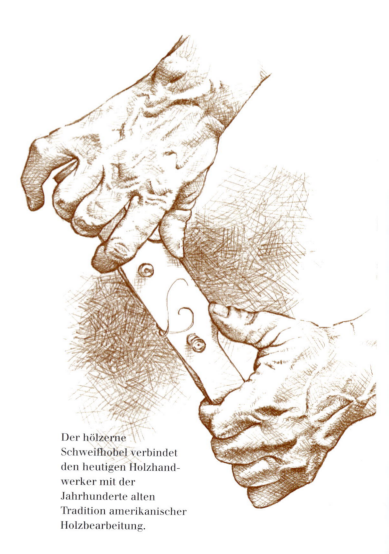

Der hölzerne Schweifhobel verbindet den heutigen Holzhandwerker mit der Jahrhunderte alten Tradition amerikanischer Holzbearbeitung.

Der Schabhobel mit Metallkörper ist ein Zwitter, er hat einige Merkmale eines normalen Hobels und einige von dem klassischen Schweifhobel mit Holzkörper.

Mit einem Dollar für die sechs Werkzeuge waren sie zu teuer bezahlt. Obgleich die Japaner heute für die Qualität ihrer Schneidwerkzeuge bekannt sind, war der Stahl, aus dem dieser Satz von Schnitzeisen gefertigt war, nicht besser als der von einem Zündschlüssel. Sie ließen sich nicht richtig schärfen und hätten selbst dann, wenn das gelungen wäre, ihre Schärfe bald verloren.

Frustriert ging ich zu dem Geschäft zurück und suchte mir ein Taschenmesser und einen Abziehstein aus. Zum Schluß nahm ich dazu noch einen kleinen Schraubstock mit. Dann ging ich nach Hause mit der Absicht, ein Holzhandwerker zu werden.

Ich wollte als erste Schachfigur eine weiße Königin anfertigen. Dafür sägte ich von Weymouthskiefernholz mit 25 × 50 mm Querschnitt Stücke in passender Länge ab. An zwei Stücke gab ich Leim an und spannte sie in den Schraubstock. So stellte ich mir ein Stück mit einem Querschnitt von 50 × 50 mm als Rohteil für meine Schnitzarbeit her.

Am nächsten Abend ging ich nach der Arbeit bei leichtem Regen ins Freie und spannte den Schraubstock an die aus Winkeleisen bestehende Anhängevorrichtung unseres Wohnanhängers. Mit dem Dekupiersägebogen formte ich den rohen Umriß der weißen Königin. Wieder unter Dach legte ich mir ein Backblech zum Auffangen der Späne auf den Schoß und begann, mit dem Taschenmesser diese rohe Form zu verfeinern.

Die meisten Partien ließen sich mit der großen Klinge des Taschenmessers sehr gut herausholen, aber in den problematischen Ecken der Figur kam ich damit nicht heran. Auf der groben Seite meines kombinierten Abziehsteins machte ich daher aus der kleinen Klinge ein sehr kleines und außerordentlich scharfes Schnitzeisen, mit dem ich bestens in die schwierigen Ecken kam, die ich schnitzen wollte.

Während meiner Schnitzarbeit an den Schachfiguren ergänzte ich meine Ausrüstung um weitere Werkzeuge – verschiedene kleine Raspeln und Feilen, Schleifpapiere unterschiedlicher Körnung und einen Lederhandschuh, um meine Hand, mit der ich die Figuren beim Schnitzen hielt, zu schützen. Es stellte sich heraus, daß diese Ausrüstung für meine Arbeit völlig ausreiche. Gewiß, es wäre schön gewesen, eine Drehbank zu besitzen, es hätte Freude bereitet, einen Satz von neuen Schweizer Schnitzeisen kaufen und sein Eigentum nennen zu können, und die Arbeit mit dem Dekupiersägebogen wäre rascher an einer Bandsäge zu machen gewesen. Aber ich hatte all das nicht. Also machte ich die Arbeit so gut es ging mit dem, was ich hatte, und lernte dabei viel über Schachfiguren, das Schnitzen und letzten Endes auch über mich selbst, etwas, das ich wohl sonst nicht erfahren hätte.

Werkstoffe

Für eindrucksvolle Holzarbeiten braucht man ausdrucksstarkes Holz.
Mit schlichtem Holz ohne markante Maserung kann selbst ein
erfahrener Handwerker keine spektakulären Arbeiten anfertigen.
Leider reicht es für einen Hobbywerker nicht,
einfach Holz von einer Sorte
mit bekanntermaßen schönem Holzbild zu kaufen.
Er muß vielmehr von dieser Sorte auch noch
die schönsten Stücke auswählen.

Um dekoratives Holz erwerben zu können, muß man sich zunächst einige Kenntnisse aneignen. Am besten macht man sich als erstes mit den Güteklassen von Harthölzern vertraut. Kleine Handlungen mit einer geringen Auswahl bieten ihr Holz oft nur so an, wie es eingeschnitten wurde, ohne Angabe von Güteklassen. Größere Firmen, die eine reichere Auswahl haben, führen Holz nach Güteklassen*. Die beste wird als Güteklasse I nach DIN 68369 und 68390 bezeichnet, während die geringsten als Güteklasse III oder IV gehandelt werden.

---

* Der Inhalt des folgenden Abschnittes ist auf deutsche Verhältnisse übertragen.

Die Kriterien für die Zuordnung zu den vier Klassen beziehen sich darauf, daß verschiedene Mängel nicht oder nur in bestimmtem Umfange vorhanden sind. Dazu zählen beispielsweise in Deutschland bei Eichen- und Rotbuchenschnittholz Äste, Risse, Schilfer und Ringschäle, Haarrisse, Faserneigung, Rindeneinschlüsse, Waldkante, Verfärbungen und Drehwuchs.

Der Kauf von Holz, das nur auf einer Seite fehlerfrei ist, kommt für den Holzhandwerker dann in Betracht, wenn an der Arbeit später lediglich eine Seite zu sehen ist, wie beispielsweise bei dem Kerzenkasten aus Eichenmaser auf S. 84.

Dekorative Eimer. Etwa 1875–1885. Rufus Crosman (1848–1891) oder Daniel Boler (1804–1892) zugeschrieben, Mt. Lebanon, New York.

Großer Eimer: Rotzeder, Sumach, Weymouthskiefer, Buche, Eisen. Mit Tinte geschrieben: 1884 und unleserliche Initialen.

Kleiner Eimer: Rotzeder, Sumach, Weymouthskiefer, Obstbaumholz, Eisen, verkupfertes Eisen.

Aus der Sammlung des Shakerdorfes Hancock, Pittsfield, Massachusetts. Foto: Paul Rocheleau.

In einer Werkstatt, die sich auf größere Arbeiten spezialisiert hat, lassen sich die geringeren Güteklassen nur begrenzt verwenden.

Sie sind in solchen Werkstätten nur für untergeordnete Zwecke geeignet wie beispielsweise für verdeckte Leisten. Für einen Holzhandwerker jedoch, der kleinere Arbeiten anfertigen will – wie die in diesem Buch –, können die geringeren Güteklassen annehmbar sein, da bei kleinen Teilen die Fehlstellen wegfallen können. Viele Arbeiten in diesem Buch wurden aus Kirschbaum Güteklasse III angefertigt.

Allein die Kenntnis der Güteklassen reicht für den Holzhandwerker noch nicht aus, da Holz einer Klasse recht große Unterschiede in Färbung und Holzbild aufweisen kann.

Er muß auch wissen, daß ein und dasselbe Holz je nach Schnittrichtung ein unterschiedliches Holzbild zeigt. Diese Kenntnisse kann man eigentlich nur durch praktische Arbeit erwerben. Man muß schon eine größere Menge Holz kaufen, zurichten und Gegenstände daraus anfertigen. Man muß möglichst viel Holz vom Rohzustand über Abrichten, Schleifen und Oberflächenbehandlung verarbeitet haben. Der Holzhandwerker muß darüber hinaus lichtempfindliche Arten wie Kirsche über Monate oder Jahre beobachten, damit er Farbänderungen unter dem Einfluß des Lichts kennenlernt.

Anfänglich kann man sich auch durch den Besuch von Galerien und Ausstellungen beim Betrachten von fertigen Arbeiten einige Kenntnisse aneignen. Bibliotheken bieten ebenfalls eine wichtige Hilfe, da sie alle wenigstens ein Buch mit naturgetreuen Farbabbildungen von Holzmustern der verschiedenen Arten haben. Darüber hinaus gibt es landesweit häufig Kurse für das Arbeiten mit Holz, bei denen solche Kenntnisse vermittelt werden. Sie sind eine hervorragende Informationsquelle für den Hobby-Holzhandwerker.

Baubedarfshandlungen

Man kann Hartholz auch heute noch in Handlungen kaufen, die vornehmlich die Bauwirtschaft beliefern. Bei genauem Hinsehen wird man jedoch feststellen, daß dort der Preis relativ hoch und die Auswahl recht klein ist, da die Bauwirtschaft kaum Verwendung für Holzarten hat, wie sie zur Herstellung von Möbeln und Holzarbeiten gebraucht werden.

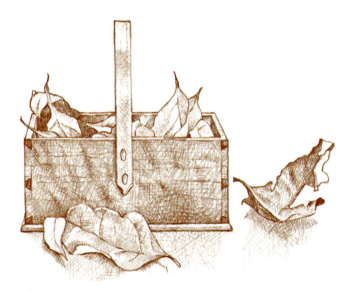

Lieferanten für das Holzgewerbe

Obgleich Lieferfirmen für holzverarbeitende Betriebe ebenso wie die Baubedarfshandlungen auch das Baugewerbe beliefern, haben sie doch meist eine umfangreiche Sortierung von einheimischen und tropischen Hölzern. Das meiste davon ist bereits zu Hartholz-Hobeldielen für Fußböden und Bekleidungen zugerichtet, wie sie in Häusern der besseren Klasse und öffentlichen Gebäuden gebraucht werden. Zum Glück hat die Firma in meiner Stadt, die Hartholz-Fußbodenware führt, immer einige tausend Meter sägerauhes Ahorn-, Eichen- und Kirschbaumholz zum Detailverkauf vorrätig.

Heimwerkermärkte

Diese Geschäfte, die die Heimwerker beliefern, haben oft, ähnlich wie die Baubedarfshandlungen, nur eine kleine, teure Auswahl an heimischen Hölzern am Lager. Und doch kann die Ware, die in einem Heimwerkermarkt verkauft wird, manchmal eine gute Wahl für denjenigen Holzhandwerker sein, der nicht über eine maschinelle Einrichtung für die Zurichtung verfügt wie Abrichte, Kreissäge und Fügemaschine. Das Holz ist dort nämlich bereits auf Breite gesägt, mit Fügekanten versehen und gehobelt. Vielleicht ist die Ware auch zu dünneren Dicken aufgetrennt und auf andere Maße als lediglich 19 mm gehobelt.

Bastelläden für Holzarbeiten

Solche Geschäfte können ihrer hohen Preise wegen vielleicht nur als letzte Rettung angesehen werden, ich habe aber dort doch gelegentlich Holz gekauft, wenn ich nur ein kleines Stück einer bestimmten Art brauchte, das ich anderswo nicht bekommen konnte.

Ich reparierte beispielsweise vor einigen Jahren einen Windsorstuhl aus Mahagoni. Unten an einem Bein war die Klaue für die Aufnahme der Kufe gebrochen und hatte sich in mehrere Teile aufgelöst,

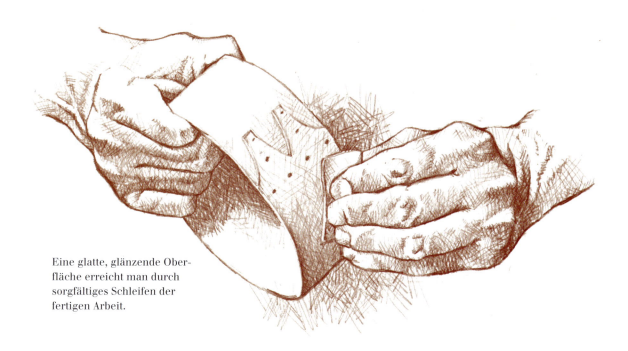

Eine glatte, glänzende Oberfläche erreicht man durch sorgfältiges Schleifen der fertigen Arbeit.

von denen der Besitzer nur wenige aufgehoben hatte. Da ich nicht mit Tropenhölzern arbeite, hatte ich kein Stück Mahagoni, das ich an das beschädigte Bein hätte anschäften können. Ich suchte daher ein Bastelgeschäft in unserer Gegend auf, kaufte einen kleinen Klotz Mahagoni und verwendete ihn bei der Reparatur. Ich hatte freilich das Mehrfache des Marktpreises bezahlt, konnte aber die Arbeit in fachgerechter Weise ausführen.

Mail-Order-Lieferanten

Viele Bastelbedarfsgeschäfte verkaufen Werkstoffe und Werkzeuge auch über Mail-Order-Kataloge. Das ist wohl die bequemste Art, sich Holz zu besorgen, aber einen Nachteil gibt es dabei: man kann als Käufer wohl Holzart, Güteklasse und Abmessungen angeben, aber die eigentliche Auswahl des Schnittholzes macht ein Mitarbeiter, der die besonderen Anforderungen, die der Holzhandwerker an seine Arbeit stellt, nicht kennt.

Sägewerke

Hier kann ein Handwerker die besten Stücke finden. Gleichzeitig geht er aber auch das größte Risiko ein. Die Sägewerker in meiner Gegend sind sehr versiert, wenn es um das Fällen von Bäumen und das Auftrennen von Stämmen zu Brettern geht, meist verstehen sie aber nicht viel von Güteklassen. Manche verpflichten sogar einen auswärtigen Unternehmer, der die Güteklasse einer Lieferung bestimmt, ehe sie an den Kunden ausgeliefert wird.

In meiner Gegend kann ich frisch eingeschnittene Kirsche der Güteklasse I oder II für ein paar Dollar pro Fuß bekommen. Das ist günstiger als die fünf oder mehr Dollar pro Fuß, die man üblicherweise bei Lieferanten für das Holzgewerbe bezahlen muß, und erheblich günstiger als die zehn oder mehr Dollar pro Fuß in Bastelläden.

Bei dem billigeren Holz aus einem Sägewerk ist aber noch ein Haken. Kein mir bekanntes Sägewerk nimmt kleine Aufträge an. Wenn man anruft und 3 m zweizöllige Kirsche bestellen will, wird man den Sägewerker am anderen Ende der Leitung vermutlich nur lachen hören.

Wenn man sich mit anderen Holzhandwerkern zusammentut, kann man aber eine entsprechend große Bestellung aufgeben, die dann für ein Sägewerk interessant wird. Für einen ernsthaften Hobbywerker kann es sich auch lohnen, ausreichend Holz für die Arbeiten mehrerer Jahre auf einmal zu kaufen.

Selbsteinschlag

Von dieser Möglichkeit habe ich viel Gebrauch gemacht und Bäume aus meinem eigenen Wald sowie im Wege stehende Bäume bei Freunden und Nachbarn gefällt. Positiv schlägt dabei zu Buche, daß man so sehr billiges Holz bekommen kann. In unserer Gegend ist der Betreiber eines kleinen Sägewerks bereit, mir die Stämme für nur 20 Cent je Fuß einzuschneiden.

Es gibt aber auch Gründe, die Finger von dieser Methode zu lassen. Zunächst einmal ist es eine sehr arbeitsaufwendige Art, sich Holz zu besorgen. Wenn man einen eigenen Baum fällen will, muß man zuerst eine Fläche frei machen, auf die der Baum fallen kann. Dann hat man wieder viel Arbeit beim Fällen und beim Durchsägen in passende Längen für das Sägewerk. Außerdem fällt viel Astwerk und Feuerholz an, das kleingemacht und weggeschafft werden muß. Schließlich kann man unter Umständen auch eine Enttäuschung erleben, wenn auch eigenes Fällen wundervolles Holz liefern kann.

Vor einigen Jahren schlug ich mehrere Bäume in unserem Wald ein, darunter auch einen Ahorn. Der Ahorn war für mich besonders wichtig, da ich frisches Ahornholz für Stuhlpfosten brauchte. Erst als der Stamm am Boden lag, entdeckte ich, daß ich da keine Länge brauchbaren Holzes vor mir hatte. Es war vielmehr eine lange, hohle Holzröhre, deren Inneres bereits vor Jahren verrottet war. Offenbar war in der ersten Astgabel des Baums in rund 10 Metern Höhe ein Loch gewesen, durch das Wasser in die ganze Stammlänge sickern konnte. Dadurch war alles Nutzholz verrottet und nur genügend Wandstärke verblieben, um Äste und Blätter ausreichend zu ernähren.

Arbeitsweisen

Als ich mit der Bearbeitung von Holz anfing,
ließ ich mir kaum Zeit zum Planen und Probieren, sondern ging
schnell von einem Arbeitsgang zum nächsten über.
In der Werkstatt eines erfahrenen Holzhandwerkers wäre Schnelligkeit
ein Zeichen von Können und Selbstbewußtsein gewesen,
bei mir aber zeigte es genau das Gegenteil.
Ich arbeitete schnell, da ich mir nicht sicher war,
ob ich das begonnene Projekt überhaupt würde vollenden können.
Würde sich jene Zinkenverbindung sauber zusammenbringen lassen?
Würden diese Zapfen in ihre Zapfenlöcher passen?
Würde sich diese sperrende Leimfuge mit einer Schraubzwinge zusammen-
bringen lassen, und würde die Verleimung dann halten?

Mit einem scharfen Stemmeisen kann man rasch Material abtragen.

Aus dieser Unsicherheit heraus arbeitete ich schnell, um rasch die fertige Arbeit vor mir zu haben und mir die Möglichkeit zu geben zu prüfen, ob ich wußte, was ich da tat.

Ich bin mir über den unsinnigen Einstieg in die Werkstattpraxis im klaren. Ich glaube, daß ich das schon in den ersten Jahren so sah, aber ich konnte nun einmal meine Art zu arbeiten nicht ändern. Tatsache ist, daß ich mit dieser Art von »arbeiten im Laufschritt« sogar Erfolg hatte. Ich bekam meine Arbeit fertig, und sie war meistens auch in Ordnung. Vielleicht waren bei der Oberflächenbehandlung einige Stellen nicht ganz glänzend geworden. Vielleicht hatte eine Zinkenverbindung etwas mehr Spiel, als ich geplant hatte. Aber die Oberflächenbehandlung schützte die Tischplatte trotzdem vor verschütteten Getränken, und die Zinkenverbindung hielt die Schublade zusammen.

Ganz allmählich, über Jahre hin, als ich mehr Zutrauen zu meinen Fähigkeiten entwickelte, ließ ich mir für jeden Arbeitsgang Zeit, handelte mit Bedacht und probierte schwierige Vorgänge vorher aus, ehe ich sie endgültig ausführte.

Verleimen

Mit dem Probieren begann ich zuerst beim Verleimen. Das Verleimen erfordert in meiner Werkstatt in der Regel stets volle Aufmerksamkeit. In jeder anderen Phase der Anfertigung kann eine unvorhergesehene Komplikation schlimmstenfalls ein Einzelteil verderben. Beim Verleimen kann dagegen infolge unerwarteter Umstände eine ganze Arbeit verdorben werden. Mehr als einmal hat mich ein unvermuteter Zwischenfall um meine Ruhe gebracht und mir Panik und Herzklopfen beschert, als ich eine mit Leim bestrichene Verbindung mit Zwingen zusammenspannte.

Leim kann recht intolerant sein. Das trifft besonders auf den Weißleim zu, den wir heute meist in unseren Werkstätten benutzen. Wegen der relativ kurzen »offenen Zeit« (der zum Ausrichten der Teile zur Verfügung stehenden Zeit, ehe der Leim anzieht), muß das Verleimen rasch genug erfolgen, damit es innerhalb dieser Zeitspanne von fünf bis zehn Minuten geschieht, aber gleichzeitig mit genügend Ruhe, um die Teile möglichst genau auszurichten.

Falls sich beim Verleimen herausstellt, daß eine Verbindung nicht so paßt wie vorgesehen, muß sofort eine Entscheidung getroffen werden. Läßt sich die Verbindung noch innerhalb der offenen Zeit korrigieren? Oder sollte man die ganze Arbeit auseinandernehmen und den Leim abwaschen, um den Zusammenbau und das Verleimen mit mehr Ruhe vorzunehmen?

Eine solche Entscheidung möchte ich ganz in Ruhe treffen, und nicht unter dem Zeitdruck bei frisch verleimten einzelnen Verbindungen. Daher nahm ich mir vor, die Teile zunächst ohne Leim zusammenzupassen und Schwierigkeiten zu beseitigen, ehe ich zum Leimtopf griff.

Dazu räume ich nicht mehr benötigte Werkzeuge und Holzabschnitte von meiner Hobelbank ab. Dann lege ich die zu verleimenden Einzelteile und die Zwingen mit der ungefähren Maulöffnung zurecht. Schließlich füge ich die Teile trocken mit den Zwingen probeweise zusammen.

Zinkenverbindungen dürfen im trockenen Zustand aber nicht vollständig zusammengepreßt werden. Das ist sehr wichtig. Andererseits möchte man wissen, ob sie mit mäßiger Spannkraft ganz zusammengefügt werden können (das ist der Grund für diese Montage in Teilen). Genauso wichtig ist aber, daß sie erst bei der endgültigen Montage ganz gefügt werden dürfen.

Für dieses Vorgehen gibt es zwei Gründe. Erstens kann vollständiges probeweises Zusammenpressen der Teile dazu führen, daß eine Verbindung derart stramm sitzt, daß sie nur mit Gewalt wieder ausein-

Drei Eimer. Links: Etwa 1850–1870,
Mitte: Möglicherweise von Levi Stevens (1781–1867) aus Canterbury oder Enfield, New Hampshire.
Weymouthskiefer, Ahorn, Farbe, Eisen, Tuch, Garn.

Rechts: Etwa 1820–1850.
Möglicherweise aus New Lebanon, New York.
Weymouthskiefer, Hickory, Birke, Beize, Eisen.

Aus der Sammlung des Shakerdorfes Hancock, Pittsfield, Massachusetts. Foto: Paul Rocheleau.

ander genommen werden kann (wobei Teile beschädigt oder ganz unbrauchbar werden können). Zweitens wirkt Leim auch als Gleitmittel, so daß Verbindungen, die sehr stramm passen und ohne Leim nur unter Beschädigung der Teile gefügt werden könnten, mit Leim leicht in ihre genaue Passung gleiten. Das probeweise Fügen wird nicht sämtliche Schwierigkeiten beim Verleimen verhüten können, aber es reduziert die Wahrscheinlichkeit einer Katastrophe am Tag des Zusammenbaus.

Andere Vorsichtsmaßnahmen

Allmählich begann ich auch andere problematische Arbeitsgänge vorher zu überprüfen. Wenn ich beispielsweise ein langes Brett über meinen Abrichter schieben will, halte ich es zunächst bei abgeschaltetem Abrichter entsprechend der Stellung beim Beginn der Spanabnahme und bei derem Ende darauf, um sicher zu gehen, daß genug Platz in meiner kleinen Werkstatt ist. Ähnliche Prüfungen stelle ich an, ehe ich an meiner Kreissäge lange oder breite Stücke säge. Ebenso ermittle ich bei schwierigen Schleifoperationen zunächst bei nicht laufender Scheibe die richtige Stellung des Werkzeugs zur Schleifscheibe. Ehe ich an komplexen Formen oder bei wildem Faserverlauf einen Hobel ansetze, führe ich ihn erst in einigem Abstand darüber hin, ohne Späne abzuheben, lediglich um ein Gefühl für die richtige Haltung zu bekommen und ob ich vielleicht das Werkstück wenden muß, um nicht gegen die Faser zu arbeiten.

Zusätzlich zu dieser Kontrolle an Werkstücken nehme ich mir auch die Zeit, um alle Arbeitsgänge vorher zu durchdenken und sie im Geiste auszuführen, damit die Arbeit dann planmäßig ausgeführt werden kann. Das ist bei der Verleimung von Untergruppen komplizierter Konstruktionen besonders wichtig.

Als ich vor Jahren eine spezielle Hepplewhite-Anrichte für einen Jagdverein anfertigte, leimte ich die waage- und senkrechten Bauteile des Schubladenkastens zusammen, ehe ich sie mit den vorderen Beinen verband. Das wäre auch richtig gewesen, wenn die oberen und unteren Stücke mit den Beinen hätten verzapft werden sollen. Leider hatten nur die unteren Teile Zapfen. An den oberen Stücken befan-

den sich aber große Schwalbenschwänze, die zuerst von oben in ihre Aussparungen hätten gebracht werden müssen, ehe die Zapfen unten in ihre Zapfenlöcher eingefügt werden konnten. Mit viel Mühe und nach einigen Enttäuschungen bekam ich die Teile schließlich zusammen. Es war mir klar, daß die Arbeit einfacher gewesen wäre, wenn ich das obere Stück erst dann montiert hätte, wenn die unteren Teile (mit ihren kurzen Riegeln und Senkrechten) mit den Beinen bereits verbunden gewesen wären.

Shaker-Serienfertigung

Viele gleiche Stücke individuell aussehen lassen

Es ist sehr viel ökonomischer, zehn gleiche Stücke herzustellen
als zehn verschiedene, und diese Wirtschaftlichkeit
ist der Hauptanreiz für eine Serienfertigung.
An in Serie gefertigten Kerzenkästen wird hier gezeigt, wie man
durch Variationen an jedem einzelnen Stück
den Eindruck der Einzelfertigung erwecken kann.

Astlöcher wie bei diesem Kasten aus Kirschbaum und Nußbaum können das Individuelle eines Objektes unterstreichen.

Stellt ein Holzhandwerker auf einer Messe lauter gleiche Teile auf seinem Stand aus, kann es durchaus sein, daß potentielle Käufer nur einen kurzen Blick darauf werfen und dann weitergehen, weil die Eintönigkeit uninteressant ist. Das hat mit dem Kunstsinn und dem Können nichts zu tun, mit dem die Arbeiten hergestellt sind. Stellen Sie sich vor, ein Holzhandwerker fertigt für seine Familie zu Weihnachten lauter identische Arbeiten als Geschenk – sie werden nach dem Auspacken, wenn jeder das Geschenk der anderen sieht, wegen der Gleichförmigkeit nicht mehr die Wertschätzung erhalten, die der Schenker sich eigentlich erhofft hatte.

Wie man jedem Stück eine individuelle Note gibt

Der Hauptvorteil der Serienfertigung ist die Wirtschaftlichkeit, die in der Herstellung vieler gleicher Teile liegt. Ob es sich dann um Geschenke oder Ware zum Verkauf handelt, der Holzhandwerker wird immer dem Empfänger Freude und das Gefühl von größerem Wert vermitteln (und mehr Genugtuung für sich selbst), wenn er bei einer Serienfertigung den einzelnen Stücken Merkmale gibt, die sie wie Einzelstücke aussehen lassen.

Die Idee solcher Merkmale mag dem Holzhandwerker einleuchten, aber er wird sich fragen, wie er bei seiner Serienfertigung vorgehen soll. Die hier gezeigten Kerzenkästen sind in Serienfertigung hergestellt, wobei sich drei Möglichkeiten für solche Variationen anbieten.

An den Deckel für einen der hier stehenden Kästen hoble ich eine Abplattung an.

Werkstoff

Der erste und naheliegende Gedanke, wie man einzelne Stücke einer Serie verschieden aussehen lassen kann, ist die Wahl unterschiedlicher Holzarten für ihre Anfertigung. Das kann man auf zweierlei Weise erreichen. Zunächst und am einfachsten ist es, die einzelnen Exemplare der Serie tatsächlich aus verschiedenen Holzarten herzustellen.

Der Handwerker kann das erste Stück aus Nußbaum, das zweite aus Ahorn, das dritte aus Kirsche usw. anfertigen. Zweitens kann er – und ich glaube das bietet interessantere ästhetische Möglichkeiten – sich verschiedene Kombinationen von Hölzern, auch zwei oder mehr Arten im gleichen Stück, überlegen. Bei den hier gezeigten Kerzenkästen habe ich beide Methoden angewandt.

Zwei der Kästen bestehen ganz aus Weymouthskiefer, ein anderer bis auf den kleinen Griff aus Nußbaum nur aus Kirsche. Die übrigen Kästen bestehen aus unterschiedlichen Hölzern: ein Kasten aus Kirsche mit Ästen hat einen Deckel aus Nußbaum; ein Nußbaumkasten hat einen Deckel aus Ahornmaser, ebenso wie ein Kasten aus Kirsche.

Bei dieser Methode kann ein Handwerker freilich alle Maschineneinstellungen optimal nutzen, das ist

aber nicht ganz so wirtschaftlich, als wenn alle Teile der Serie aus dem gleichen Holz wären. Sie werden sehen, daß es etwas mehr Planung erfordert.

Wenn beispielsweise ein Exemplar einer Serie aus Kirschbaumholz gefertigt werden soll, muß man genügend Kirschbaumholz für alle Einzelteile auf Maß zurichten. Ergibt sich beim Zusammenbau, daß nicht genügend Kirschbaumholz der passenden Abmessungen vorbereitet ist, kommt die Serienfertigung zum Stillstand, während Sie nach Holz suchen und auf Maß bringen. Dadurch kann ein Zeitgewinn bei der Serienfertigung schnell wieder verlorengehen.

Dieses Problem lasse ich gar nicht erst aufkommen, sondern stelle mir mehr Holz auf Maß her, als ich für ein bestimmtes Stück der Serie brauche. So habe ich nicht nur genug Holz von allen benötigten Arten, ich kann obendrein auch noch auswählen.

Hin und wieder ist ein Stück Holz dabei, das zunächst sehr hübsch, nach dem Hobeln auf Dicke aber nicht mehr so gut aussieht. Bei einer bestimmten Serienfertigung suchte ich mir einen Vorrat von kurzen Nußbaumbrettern heraus und mußte beim Dicktenhobeln feststellen, daß etliche von ihnen unregelmäßige, dunkle Verfärbungen hatten, die beim Dicktenhobeln nicht verschwanden. Weil ich aber genügend Nußbaum vorbereitet hatte, brauchte ich nicht neues zu suchen, nicht den Dicktenhobel er-

Bei diesem Kasten aus Kirschholz habe ich für die Seiten Splintholz benutzt.

neut auf 25 mm einzustellen und das Holz dann auf 12 mm herunterzuarbeiten.

Wenn man mehr Holz vorbereitet, als effektiv benötigt wird, lassen sich auch kleinere Versehen bei der Arbeit auffangen, zum Beispiel, wenn Sie ein Brett 10 mm zu kurz ablängen oder über Hirnholz fügen. Es ist wohl richtig, daß man dann nach Fertigstellung der Serie noch Nußbaumholz in Stärke von 12 mm übrigbehält, aber nach meiner Erfahrung läßt es sich gelegentlich gut verwenden, daher lege ich es auf Lager.

Griff-Formen

Manchmal kann die Art eines Gegenstandes selbst die Möglichkeiten vorgeben, Merkmale zur Unterscheidung gewollt hinzuzufügen. So kam mir bei diesen Kerzenkästen der Gedanke, daß sich der Griff für Variationen anbietet.

Bei dem als Vorbild dienenden alten Kerzenkasten der Shaker, der für meine Variationen ganz allgemein herhalten sollte, war als Griff ein flacher Halbkreis in den Deckel eingeschnitten. An dem Kasten aus Nußbaum mit dem Ahornmaserdeckel sah ich auch solch einen Griff vor. Alle anderen Griffe unterscheiden sich aber von dem Original. An zwei Kästen aus Weymouthskiefer sind die Griffe auch vertieft in den Deckel geschnitzt, aber ihre Form ist etwas aufwendiger als der geschnitzte Halbkreis am Shaker-Original. Zwei andere Griffe sind aus kontrastierendem Holz geschnitzt und in Aussparungen in den Deckel eingesetzt. Der kleine Griff aus Nußbaum auf dem Deckel des Kirschholzkastens ragt über den Deckel empor. Der Kirschholzgriff auf dem Ahornmaserdeckel ragt auch noch unter den Deckel und hat seinen Anschlag an der Vorderwand des Kastens.

Der letzte Griff ist einfach ein Astloch, passend für einen Finger. Obgleich dies eine natürliche Form und keine angefertigte ist, bereitete sie die größte Schwierigkeit, nämlich ein passendes Nußbaumbrett ausreichender Breite mit dem Astloch genau an der richtigen Stelle zu finden.

Der Deckel des Kastens aus Kirschbaumholz hat einen kleinen Nußbaumgriff.

Da sich das Holz der Weymouthskiefer gut schnitzen läßt, wählte ich es für die Deckel mit vertiefter Schnitzerei.

Zinkenmuster

Zinkenverbindungen stelle ich von Hand her, daher paßt es gut zu meiner Werkstattpraxis, wenn ich ihre Zahl oder Anordnung variiere und so Abwechslung ausdrücke. Wenn ein Exemplar aus einer Serie Eckverbindungen mit fünf Zinken hat, kann das nächste mit vier oder sieben ausgeführt werden. Darüber hinaus ändere ich auch gern die Anordnung der Zinken. Gewöhnlich machen Tischler alle Schwalben bei einer Verbindung etwa gleich groß. Damit erzielen sie bei der Verbindung von Längs- und Schmalseiten den Effekt einer ausgewogenen Gestaltung. Aber es gibt auch andere Möglichkeiten.

Die Zinken können beispielsweise anders eingeteilt werden, so daß die Schwalben bei der Verbindung am gleichen Kastenende unterschiedliche Größe haben. Das habe ich bei mehreren Kerzenkästen ausgeführt. Man kann zum Beispiel die Schwalben oben und unten an der Verbindung recht groß machen und kleinere gruppenweise dazwischen anordnen. Diese Möglichkeit und Abwandlungen davon habe ich alle bei der Fertigung der Kerzenkästen ausprobiert.

Ich habe auch versucht, die Zinken an den beiden Enden eines Kastens unterschiedlich anzuordnen. Das geht bei diesen Kerzenkästen besonders gut, da die Schmalseite, über die der Deckel gleitet, ohnehin eine andere Einteilung von Schwalben und Zinken verlangt als die am anderen Ende.

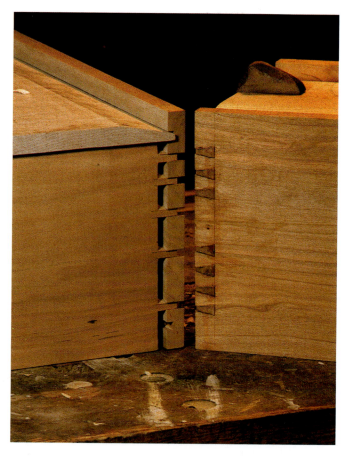

Die Zinkenverbindung am Kasten rechts ist verleimt. Am linken Kasten ist sie nur trocken zusammengepaßt. Sie sehen, daß sie dort nicht ganz zu Ende gefügt ist. Um zu verhindern, daß die Längsseiten Risse bekommen, füge ich sie erst dann vollständig zusammen, nachdem ich Leim angegeben habe, der als Gleitmittel wirkt. Anschließend wird die Verbindung mit Zwingen zusammengepreßt.

Neuerdings verarbeite ich auch Nußbaum mit Splint.

Unterschiedlichkeiten herausarbeiten

Man kann durchaus bei der Serienfertigung Stücke herstellen, die wie einzeln angefertigt aussehen. Dazu ist es notwendig, sich ein paar Gedanken zu machen und einen Plan für Unterscheidungsmerkmale bei den betreffenden Stücken zu entwickeln.

Anfertigung des Kerzenkastens

Zunächst hobelte ich das benötigte Holz für die Kästen auf die vorgesehene Dicke von 12 mm, wobei ich als Reserve für mangelhafte Stücke oder Fehler meinerseits von jeder Sorte etwas mehr vorbereitete. Dann brachte ich die Längs- und Schmalseiten auf Breite und hobelte die Nuten zur Aufnahme des Bodens und des Schiebedeckels ein. Es wäre auch möglich gewesen, abgesetzte Nuten herzustellen, um zu vermeiden, daß sie an den Enden mit Stopfen verschlossen werden mußten; das hätte aber viel mehr Zeit erfordert, und ich muß bekennen, daß ich an den Stopfen nichts auszusetzen habe. Ich glaube vielmehr, daß sie ein zusätzliches interessantes Detail bei der Konstruktion der Kästen bilden.

Die Nuten, in denen der Boden gehalten wird, werden an den Enden mit Stopfen verschlossen.

Stückliste*

Längsseiten	2 Stück	12 × 180 × 360 mm
Hintere Schmalseite	1 Stück	12 × 180 × 210 mm
Vordere Schmalseite	1 Stück	12 × 156 × 210 mm
Boden	1 Stück	12 × 198 × 348 mm
Deckel	1 Stück	12 × 198 × 354 mm
Stopfen	4 Stück	6 × 6 × 10 mm eingepaßt

* Fertigmaße. Bei der Länge der Zinken ist eine Zugabe nötig, damit sie am fertigen Stück bündig geputzt werden können.

Anschließend längte ich die Längs- und Schmalseiten ab. Dann wandte ich mich den Böden und Deckeln zu. Die Böden sind an allen vier Seiten abgeplattet, um in die Nuten der Längs- und Schmalseiten zu passen. Die Deckel sind nur an den Seiten

und einem Ende abgeplattet. Die Abplattungen hobelte ich mit einer Plattbank von Hand.

Als nächstes stellte ich die Zinkenverbindungen an den Seitenteilen her. Das ist eine Arbeit, die ich aus persönlichen Gründen gern von Hand ausführe: Ich mag es ruhig in meiner Werkstatt und genieße außerdem jede Möglichkeit, mein handwerkliches Können unter Beweis zu stellen.

Schließlich verputzte und schliff ich alle Teile und baute die Seiten um die Böden herum zusammen.

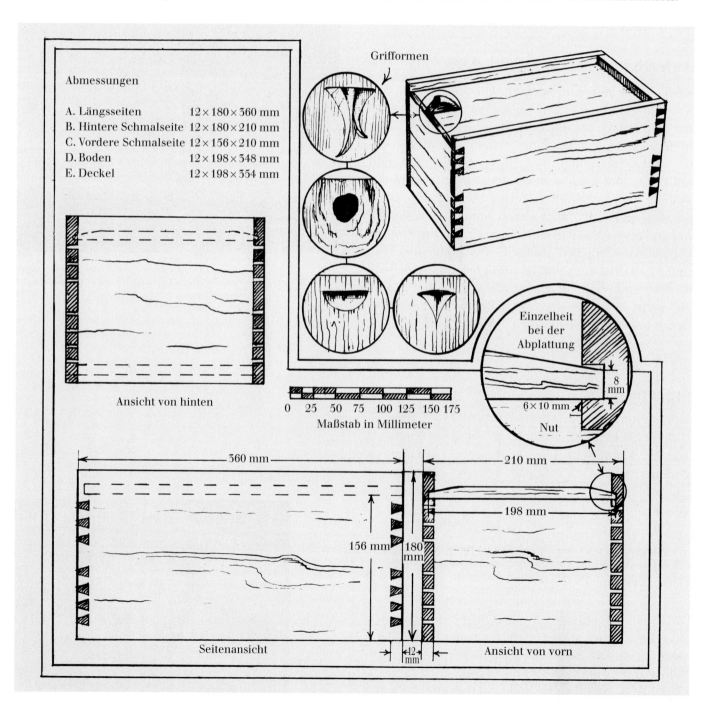

In der Tradition der Shaker

Charles Harvey

Selbst heutzutage, viele Jahre nach dem goldenen Zeitalter der Shaker
mit ihren Holzarbeiten, gibt es immer noch Handwerker,
die Arbeiten in den typischen Formen anfertigen,
die von den Shakern im 19. Jahrhundert entwickelt wurden.
Einer dieser zeitgenössischen Handwerker ist Charles Harvey,
den ich Ihnen im folgenden vorstellen möchte.

Charles Harvey aus Berea in Kentucky ist ein ganz besonderer Mensch.

Mit seinem unmöglichen Schnurrbart, der Brille mit Metallfassung und seinen kräftigen, geschickten Händen, ist er – zumindest nach unserer Vorstellung – ein Handwerker, der aus einer früheren und anspruchsloseren Zeit kommt. Er ist schlank und so hat er etwas gemeinsam mit seinen Shaker-Nachbauten: diese haben keinen Schmuck und er keine überflüssigen Pfunde. In seiner sauberen, ordentlichen Werkstatt bewegt er sich zielbewußt, aber ohne Eile, alle Bewegungen darauf abgestimmt, Zeit und Kraft optimal zu nutzen. Wenn er in seinem selbstgefertigten Schaukelstuhl im Ausstellungsraum sitzt, inmitten von unverwüstlichen Schachteln, Stühlen und Behältnissen, die er zum Verkauf anbietet, fühlt sich Charles behaglich und gelassen. Das ist seine Welt. Die Ästhetik der Shaker – Schlichtheit, Brauchbarkeit und absolute Verläßlichkeit – ist seiner Arbeit nicht aufgepfropft. Diese Qualität ist einfach ein Ausdruck seiner Persönlichkeit.

Das einfache, genügsame Leben

Viele moderne Holzhandwerker kommen mit der »United Society of Believers in Christ's Second Coming« (den Shakern) in Berührung, weil sie Interesse an deren Möbeln und Holzarbeiten haben. Manche halten »schlicht« für gleichbedeutend mit »leicht anzufertigen« und wollen ihre Fertigung rationalisieren. Andere entdecken, daß sie ihre eigene Ästhetik in der klaren Einfachheit der Holzarbeiten der Shaker wiederfinden. Wiederum andere sind fasziniert von dem zweihundertjährigen Experiment der Shaker, eine utopische Gemeinschaft basierend auf strenger Auslegung des Christentums aufzubauen.

Die Werkstatt von Charles Harvey ist angefüllt mit einer Sammlung traditioneller Werkzeuge, von denen er viele bei seiner täglichen Arbeit benutzt.

Harvey kam anfänglich aus dem letztgenannten Interesse mit den Shakern in Kontakt. In den 1960er Jahren las Charles auf den Rat seines Englischlehrers das Buch »Walden« von Henry David Thoreau, und das veranlaßte ihn, über alternative Lebensweisen nachzudenken. Später weckte die Lektüre des Magazins »Mother Earth News« und die »Zurück zur Natur«-Bewegung der siebziger Jahre in Charles, der sich immer mit Geistigem beschäftigt hatte, ein Interesse an utopischen Gesellschaften, besonders solchen mit starker religiöser Neigung. In diesem Zusammenhang entdeckte er die Shaker zuerst. Er erklärt: »Es ging mir zunächst um die Gemeinschaft, denn damals war ich noch kein Holzhandwerker.«
Es vergingen in der Tat etliche Jahre, bis er die Holzarbeiten der Shaker richtig wahrnahm.
1978 arbeitete er in der Gegend von Chicago, Illinois, und hatte Rassepferde zu trainieren. Während eines Urlaubs machte er Station in Berea, Kentucky, und traf dort Warren May, einen professionellen Holzhandwerker, der als Spezialität Schlagzithern anfertigte. Charles erinnert sich: »Ich kaufte bei Warren eine seiner Schlagzithern. Auf dem Weg nach Hause kam mir der Gedanke, ob es nicht großartig wäre, wenn ich nach Berea ziehen und bei Warren arbeiten würde?«
Wenig später gab er aus finanziellen Gründen seine damalige Tätigkeit auf, und arbeitete auf dem Bau. »Als die Baufirma in Chicago 1980 in Schwierigkeiten geriet, wurde ich entlassen. Ich packte meine Sachen, fuhr mit meinem Volkswagen Camp Mobile nach Berea und suchte Warren wieder auf. Er stellte mich noch am gleichen Nachmittag ein.«
Charles arbeitete eineinhalb Jahre bei Warren May in einer Art von inoffizieller Lehre. Dabei lernte er die Grundbegriffe der Holzbearbeitung, entwickelte Geschicklichkeit und bekam Selbstvertrauen. Dann entschloß er sich, selbständig zu werden, kaufte eine Shopsmith-Mehrzweckmaschine* sowie eine Sears-Bandsäge und richtete seine Werkstatt in einem Lagerschuppen ein.

---
* Shopsmith, Inc., Dayton, Ohio; Die besonders bei amerikanischen Heimwerkern beliebte Maschine ist eine Kombination von Kreissäge, Drehbank, Ständer-, Waagerechtbohr- und Tellerschleifmaschine.

Die Fertigung von Möbeln und Schachteln im Stil der Shaker

Nachdem er sich als Hersteller von Shaker-Möbeln zu erkennen gegeben hatte, nahm Charles einige seiner Arbeiten nach Pleasant Hill mit und zeigte sie den Mitarbeitern in der Geschenk-Boutique, mit dem Hintergedanken, eine Geschäftsverbindung anzubahnen. »Sie fanden meine Arbeit gut, hatten aber für die Fertigung ihrer Möbel schon einen Vertrag mit einer Firma und wiesen mich ab.« Der Ladeninhaber sagte aber: »Charles, bist du dir eigentlich darüber im klaren, daß niemand in Kentucky Schachteln nach Art der Shaker herstellt?«

»Also«, sagt Charles, »ging ich zum Museumsdirektor und holte mir die Erlaubnis, Abdrücke von den Ori-

»Ich machte einfach alles«, berichtet er stolz. »Ich stellte Schlagzithern her. Dann baute ich drei Kücheneinrichtungen ein, vermutlich die einzigen in Berea mit handgearbeiteten Zinkenverbindungen an den Schubladen. Ich hatte keine Ahnung, zu welchem Preis ich meine Arbeit abliefern sollte, da ich so versessen auf das Arbeiten mit Holz war. Ich wollte meine Arbeit auf jeden Fall so gut wie möglich machen.«

Bei seinem Besuch in Pleasant Hill, Kentucky, bei dem er die wieder ins Leben gerufene Shaker-Gemeinde aufsuchte, entdeckte Charles die Shaker ein zweites Mal, diesmal als Holzhandwerker; was er dort an Möbeln und hölzernen Geräten sah, entsprach ganz seinem eigenen Gefühl für Ästhetik, das ihm bislang nur noch nicht so bewußt geworden war. »Als ich bei Warren arbeitete, stellte er dekorative Stilobjekte her. Aber ich bin ein eher schlichter Mensch, und als ich die Arbeiten der Shaker sah, fand ich sie genau richtig für mich. Sie sind ehrlich und sorgfältig konstruiert. An ihnen ist kein Platz für Zierat. Man kann nichts verbergen oder mit Profilen ausgleichen. Eine Shakerarbeit zeigt ihre Anmut bereits in den Grundelementen.«

ginalschachteln zu machen. Danach stellte ich mir einen Satz Schablonen und Formen her.«

Obgleich er nun genaue Muster hatte, mußte er feststellen, daß es darüber, wie die Shaker diese Schachteln hergestellt hatten, kaum Informationen gab: »Damals gab es keine Veröffentlichungen über die Fertigungsmethode solcher Schachteln, und der letzte Bruder der Shaker, der sie hergestellt hatte, war 1961 gestorben. Ich kenne auch niemand, der ein Notizbuch gefunden hätte, in dem ein Shaker vermerkt hat, wie er eine Schachtel macht.«

Aus Mangel an Information blieb Charles nichts anderes übrig, als seine eigene Methode zu entwickeln. Er probierte aus und untersuchte in Museen eingehend alle Schachteln und die Geräte zu deren Anfertigung. »Die vielleicht besten besitzt das Shaker-Museum in Old Chatham im Staate New York.«

»Nachdem ich Abbildungen davon im Buch von Shea gesehen hatte, fuhr ich nach Old Chatham und sagte: ›Ich bin Charles Harvey. Ich stelle ovale Schachteln für Pleasant Hill her. Wo sind ihre ovalen Schachteln ausgestellt?‹«

»Die Dame am Empfang sagte: ›Die sind schon seit Jahren nicht mehr ausgestellt.‹«

»Meine Enttäuschung war mir sicherlich deutlich anzusehen, denn sie rief den Direktor an und führte mich dann nach hinten ins Magazin, wo ich von den Biegeformen der Shaker Zeichnungen machen durfte.«

Sein Studium der Sammlungen in Museen und die Erfahrungen, die er bei der Anfertigung von mehreren Tausend Schachteln gesammelt hatte, haben Charles in den letzten zehn Jahren bewogen, seine Fertigung von Schachteln umzustellen. Bislang machte er die Seiten aus normalem Ahornholz und die Deckel und Böden aus Sperrholz. Jetzt verwendet er für die Seiten der Schachteln Ahornholz mit stehenden Jahresringen und macht Deckel und Böden aus Weymouthskiefer. Damit sind seine Schachteln den Originalen im Museum zum Verwechseln ähnlich – so ähnlich, daß sie sich in den Gift Shops der Shaker-Museen in den Vereinigten Staaten und in fast allen westlichen Ländern verkaufen lassen.

Das Herstellen von Schachteln ist Charles' wichtigste Tätigkeit in seinem Geschäft. Er bietet auch ein Sortiment von Nachbauten der Stühle und Behälter der Shaker an, aber es ist doch die Schachtelfertigung, die in der Regel den ersten Kontakt zum Kunden anbahnt. Daraus ergibt sich oft eine Beziehung, die jahrelang bestehen kann, wenn Kunden einen Satz von Schachteln vervollständigen wollen oder vom Kauf der Schachteln zum Kauf von Stühlen oder Behältern übergehen. »Eine Shaker-Schachtel ist ein bekanntes Kultobjekt«, sagt Charles. »Wenn man sie

Nur eine kleine Auswahl aus der großen Vielfalt der ovalen Schachteln und Tragebehälter von Charles Harvey.

in die Hand nimmt, merkt man, daß sie sehr gut gearbeitet ist. Sie ist etwas besonderes. Sie strahlt die Ethik der Shaker aus.«

»Manche Leute kommen in meinen Laden, kaufen eine Schachtel, und dann erleben sie, daß es offenbar ihr Schicksal ist, alle neun des Satzes erwerben zu müssen. Ich habe sogar einige Kunden, die für zwei oder drei Familienangehörige je einen kompletten Satz von neun Schachteln zusammengestellt haben, zusätzlich zu ihrem eigenen.«

Viele Besucher kaufen nur eine Schachtel, wollen aber ihre Sammlung später erweitern; also hat Charles einen Versandhandel angefangen und schickt jährlich einen Katalog an Leute im ganzen Land.

Seine Stühle sind ebenfalls über das ganze Land versandt worden, obgleich der Versand unverhältnismäßig teuer ist. Sie gehen typischerweise an solche Kunden, die zunächst einmal in seinen Laden in Berea gekommen sind und sich Zeit genommen haben, die Stühle genau zu inspizieren, eine Sitzprobe zu machen sowie die für sie bequemste Größe auszuwählen.

Charles verkauft auch viel in seinem Ausstellungsraum neben der Werkstatt. In Berea zu arbeiten hat den Vorteil, daß ständig Leute zu Fuß in der Stadt unterwegs sind, die von dem wachsenden landesweiten Ansehen des erstklassigen Handwerks in dieser Stadt angezogen werden.

Im Laufe der Jahre hat Charles gelernt, weiter an seiner Bank zu arbeiten, während er sich mit den Leuten unterhält, die sich bei ihm umsehen. So kann er ihre Fragen über das Leben und die Gemeinschaft der Shaker beantworten, verschiedene Arbeitsgänge erklären und dabei einen Kontakt aufbauen, der zum Kauf führen kann – ohne seine Arbeit unterbrechen zu müssen.

Schlichtheit statt Statusdenken

»Stilmöbel – Queen Anne, Chippendale, Federal – sollten den Status des Besitzers hervorheben«, erklärt er. »Die Leute, die sie damals besaßen, hätten auch teure Autos gehabt, wenn es sie zu der Zeit schon gegeben hätte. Die Möbel spiegelten ihre gesellschaftliche Stellung wider.«

Darin sieht Charles Harvey auch den grundlegenden Unterschied zwischen Stilmöbeln und Möbeln der Shaker. Alle Dinge, die Stilmöbeln ihren oberflächlichen Reiz geben – Schnitzerei, kunstvolle Drechselei, Furnier –, sollten einem Besucher des Hauses deutlich machen: »Ich habe das Geld, mir solche Dinge leisten zu können, die so viele Arbeitsstunden gekostet haben.« Im Gegensatz dazu haben Shaker-Möbel keine kunstvollen, äußerlichen Attribute. Ihre Schönheit beruht vielmehr auf dem harmonischen Verhältnis der konstruktiven Teile. Diese Geradheit und Schlichtheit spornen Charles bei seinem täglichen Bemühen an, die Nachbauten von Shakerarbeiten perfekt zu gestalten.

Charles Harvey im Vorführraum seines Geschäfts in Berea, Kentucky, auf einem seiner Schaukelstühle sitzend. Hinter ihm sind ein paar seiner Stühle wie bei den Shakern an der Wand aufgehängt. Auf einer Reihe von Shaker-Bänken stehen vier Sätze ovaler Schachteln.

Holzgeräte für die Küche

Um die Mitte des 19. Jahrhunderts fand in vielen Teilen des Landes
der Übergang von weitgehend handgefertigten
zu überwiegend fabrikmäßig hergestellten Haushaltsgegenständen statt.
Die Originale, die den folgenden Nachbauten als Vorlage dienten,
sind alle von Hand gearbeitet und vermutlich
alle in der Küche benutzt worden.

Scheffel aus Nußbaum

Dieser Scheffel ist im Buch »Measured Drawings of Shaker Furniture and Woodenware« von Ejner Handberg abgebildet. Ich konnte allerdings nirgends einen Hinweis finden, wofür die Shaker solche Scheffel benutzt haben. Das große Fassungsvermögen läßt vermuten, daß sie im bäuerlichen Bereich zum Einfüllen von Hühner- oder Schweinefutter in die Tröge gedient haben können.
Ich unterstelle jedoch, daß er in der Küche benutzt wurde, um Mehl, Bohnen oder Zucker aus einem großen Vorratsbehälter zu entnehmen.

Anfertigung

Dieser Scheffel ist vermutlich das aufwendigste Stück im vorliegenden Buch, und man braucht fast zwei ganze Tage, um ihn anzufertigen.

Stückliste

A. Scheffel	1 Stück	80 × 200 × 550 mm

Aus einer 100 mm starken Nußbaumbohle sägte ich zunächst die äußere Form des Scheffels an der Bandsäge aus. Dann ging ich an die Bohrmaschine und arbeitete mit einem Forstnerbohrer von 25 mm ⌀ die Mulde in der Mitte heraus. Dazu stellte ich den Anschlag der Bohrmaschine nacheinander auf drei verschiedene Tiefen ein, die tiefste für die Partie nahe dem Griff des Scheffels (wo die Mulde ihre größte Tiefe hat), die flachste für die Partie an der vorderen Kante.

Nach dem Ausarbeiten der Mulde des Scheffels stellte ich den Rohling auf die Kante und bohrte eine Reihe von Löchern mit 25 mm ⌀ in den Griff. Diese Löcher wurden dann mit Schnitzeisen und Raspel bearbeitet, und es ergab sich so die Öffnung für die Finger.

Der Rohling von 200 mm Breite paßte nicht hochkant unter meine Bandsäge, deshalb sägte ich die Form der Seitenansicht mit einer Gestellsäge aus. Diese Arbeit war nicht sehr schwer, da bereits viel Holz aus der Mulde herausgeholt war.

Der Umriß des Scheffels ist am Nußbaumrohling von 100 mm Stärke mit der Bandsäge ausgesägt worden.

Teile, die zu hoch für meine Bandsäge sind, säge ich mit einer Gestellsäge.

Die Mulde wird mit dem Hohleisen herausgearbeitet.

Mit einem breiten Hohleisen arbeitete ich die Mulde heraus und putzte mit kleineren Hohleisen, Raspeln, Ziehklinge und Schleifpapier nach.
Die konvexe Außenkontur ließ sich leichter herstellen. Mit Ziehmesser und Schweifhobel konnte ich sie rasch formen.

◀ Das Ziehmesser im Vordergrund wird zum Vorarbeiten der Außenkontur gebraucht. Dann wird sie mit einem Schweifhobel (hier neben dem Ziehmesser liegend), anschließend mit einem Schabhobel, mit dem gerade gearbeitet wird, einer biegsamen Ziehklinge und Schleifpapier fertig bearbeitet.

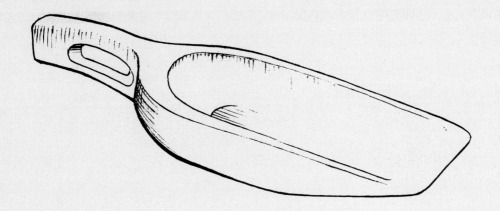

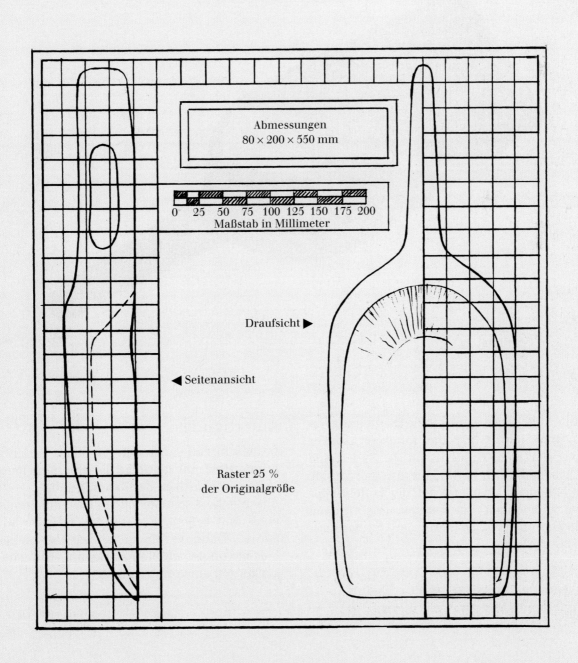

Abmessungen
80 × 200 × 550 mm

0 25 50 75 100 125 150 175 200
Maßstab in Millimeter

Draufsicht ▶

◀ Seitenansicht

Raster 25 %
der Originalgröße

Rührlöffel aus Sassafras

Dieser Rührlöffel entspricht einer Darstellung im Buch von June Sprigg und Jim Johnson: »Shaker Woodenware: A Field Guide, Band 2«. Es ist eine einfache Arbeit, die sich in weniger als einer Stunde erledigen läßt, dennoch eignet sich der Löffel in der Küche gut zum Mixen von Zutaten. Das Original wurde 1953 von den Shakern der Canterbury-Gemeinde erworben.

Stückliste

A. Rührlöffel	1 Stück	12 × 60 × 320 mm

Anfertigung

In diesem Fall suchte ich ein Stück geeignetes, astreines Holz mit geradem Faserverlauf heraus und sägte den Umriß an der Bandsäge aus.
Anschließend spannte ich ein Brett auf meine Hobelbank und befestigte das Stück mit vier Klötzchen darauf. Dann verjüngte ich es über seine ganze Fläche von der größten Stärke am Griffende bis zur geringsten am vorderen Ende.

Ich spanne ein Abfallstück Schichtholz auf meine Bank und befestige den Löffel mit vier Klötzchen darauf.
Dann verjünge ich ihn mit einer kleinen Rauhbank, wozu etliche Hobelstöße am vorderen Ende und nur wenige am Griffende nötig sind.
Sie sehen auch den Bleistiftriß an der Seitenfläche des Löffels. Er deutet die endgültige Stärke an.

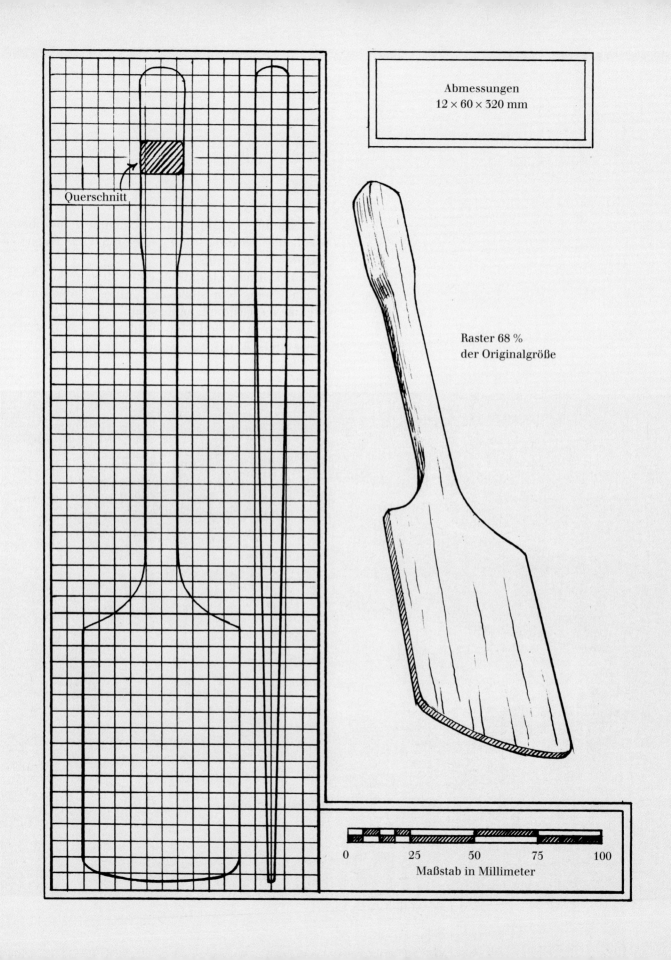

Schöpflöffel aus Nußbaum

Aus der Reihe der in meinen Quellen abgebildeten Schöpflöffel ragt dieser durch seine bauchige Form hervor, die sich bis auf den Griff erstreckt.

Stückliste

A. Schöpflöffel	1 Stück	100 × 124 ⌀ × 180 mm

Anfertigung

Ich würde wirklich gern wissen, wie die Shaker solche kleinen Schöpflöffel hergestellt haben. Man muß ihn nämlich für die Bearbeitung mit Schnitzeisen ausreichend fest einspannen, ohne jedoch seine verhältnismäßig dünnen Wandungen zu zerdrücken. Zuerst arbeitete ich das Innere mit einem Forstnerbohrer weitgehend frei, ähnlich wie ich es bei der Mulde des Scheffels getan hatte (siehe Seite 56). Dann formte ich mit einem breiten Hohleisen den inneren Hinterschnitt.

Nach der groben Vorarbeit an der Bohrmaschine erhält die Innenseite der Wandung mit einem Schnitzeisen ihre Form.

An der Bandsäge sägte ich die Außenkontur aus, wobei ich das Stück für den Griff stehen ließ. Dann legte ich diesen gedrungenen Zylinder auf seine Seite und stellte die Griffform an der Bandsäge her. Dieser Arbeitsgang ist etwas schwirig, da das Holz, dort wo die Säge angreift – am Griff –, nicht auf dem Maschinentisch aufliegt. Falls Ihnen das zu gewagt erscheint, sollten Sie die Form besser mit dem Dekupiersägebogen herausarbeiten.

Dann fing ich an, die Außenform mit einem Hohleisen zu bearbeiten. Um das Werkstück fest genug zu spannen, ohne die Wandung zu beschädigen, machte ich zweierlei. Zum einen spannte ich die Backen meines Schraubstocks nicht zu fest gegen die Wandung, wie auf der Abbildung zu sehen ist. Zum anderen spannte ich das Werkstück mit einer Schraubzwinge gegen die Schraubstockspindel. Bei der Bearbeitung der unteren Hälfte der Außenkontur benutzte ich den flachen Boden des Schöpflöffels als Spannfläche. Für die Arbeit an der oberen Hälfte paßte ich ein Stück Abfallholz in sein Inneres und spannte das Werkstück damit fest. Auf diese Weise konnte ich es sicher halten, während ich mit Schnitzeisen hantierte.

Diese Abbildung zeigt, wie die Schraubzwinge mit ihrem Schuh über ein eingepaßtes Stück Abfallholz den Boden des Schöpflöffels festspannt.

Diese Spannmethode erlaubt mir, die Außenform des Nußbaumrohlings mit Hohleisen zu bearbeiten.

Abmessungen
100 × 124 mm ⌀ × 180 mm

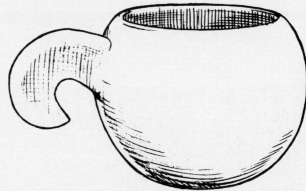

Raster 68 % der Originalgröße

Draufsicht

0   25   50   75
Maßstab in Millimeter

Seitenansicht

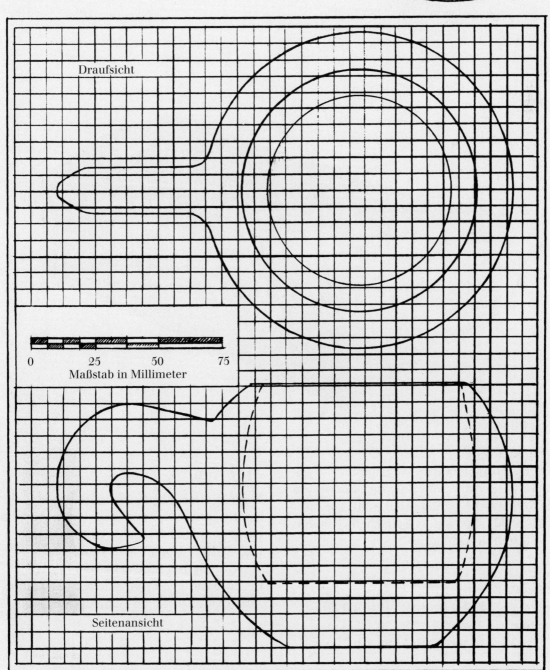

Tablett aus Riegelahorn

Ejner Handberg schreibt, daß das Originaltablett aus Kiefernholz war, und ich meine, das war hinsichtlich der Festigkeit eine völlig richtige Holzwahl. Für meine Arbeit wählte ich aber aus ästhetischen Gründen kräftig gemusterten Riegelahorn.

Stückliste

A. Längsseiten	2 Stück	12 × 110 × 460 mm
B. Schmalseiten	2 Stück	12 × 130 × 280 mm
C. Boden	1 Stück	10 × 280 × 460 mm
D. Nägel		

Anfertigung

Nachdem ich das Holz auf Stärke gehobelt und auf Breite und Länge gesägt hatte, verband ich die Längs- und Schmalseiten mit Zinkungen.
Diese Arbeit ist gar nicht so schwierig, wie sie zu Beginn aussieht, und es gibt viele Bücher mit genauer Beschreibung der einzelnen Arbeitsgänge.
Zum Schluß wird der Boden untergenagelt.

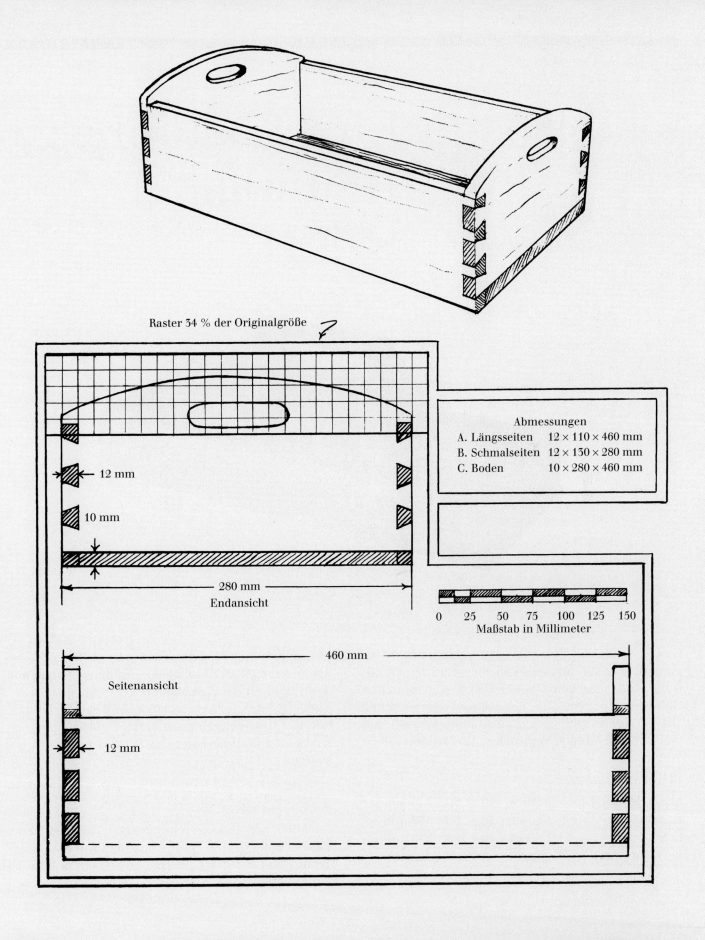

Tablett aus Kirschbaumholz mit Trennwand

Das ebenfalls von Ejner Handberg gezeichnete Original ist schlicht mit einer elegant geformten Trennwand, hat aber keine sonderlich fachmännischen Holzverbindungen. Die Längs- und Schmalseiten sind an den Ecken stumpf aneinandergenagelt und nicht mit Zinkungen verbunden. Die Trennwand ist ebenfalls stumpf eingenagelt. Auch der Boden ist unten gegen die Längs- und Schmalseiten genagelt und dann rundum bündig gehobelt.

Ehe ich dieses Tablett anfertigte, entschied ich mich, bei den Holzverbindungen einige Änderungen vorzunehmen und die Form des Bodens anders zu gestalten.

Stückliste

A. Längsseiten	2 Stück	10 × 60 × 470 mm
B. Schmalseiten	2 Stück	10 × 60 × 190 mm
C. Boden	1 Stück	10 × 196 × 476 mm
D. Trennwand	1 Stück	8 × 165 × 460 mm
E. Nägel		

Anfertigung

Nachdem ich das Holz auf Stärke gehobelt hatte, sägte ich die beiden geschwungenen Kurven an der Trennwand mit der Bandsäge aus. Dann bohrte ich mit einem Forstnerbohrer von 20 mm ⌀ je ein Loch

Der Boden ist auf die Bankplatte gespannt, und mit einer Reihe von Hobelstößen wird nach und nach die Ecke gerundet.

am Ende der Grifföffnung und entfernte das Holz dazwischen mit einer Stichsäge. Mit Hobel, Raspel und Schleifpapier glättete ich alle gesägten Kanten.

Als nächstes sägte ich die Längs- und Schmalseiten auf Breite und Länge. Nachdem ich die Schmalseiten für die Trennwand genutet hatte, stellte ich die Zinkenverbindungen am Rahmen her.

Ich setzte die Trennwand mit Leim ein und befestigte sie mit einem halben Dutzend Nägeln.

Der Boden war am Original rundum bündig gehobelt, aber ich machte ihn rundum 3 mm größer und hobelte den Überstand mit einer kleinen Rauhbank zu einem Viertelkreis. Dann nagelte ich den Boden unter den Rahmen.

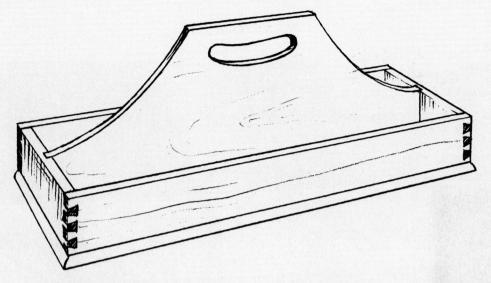
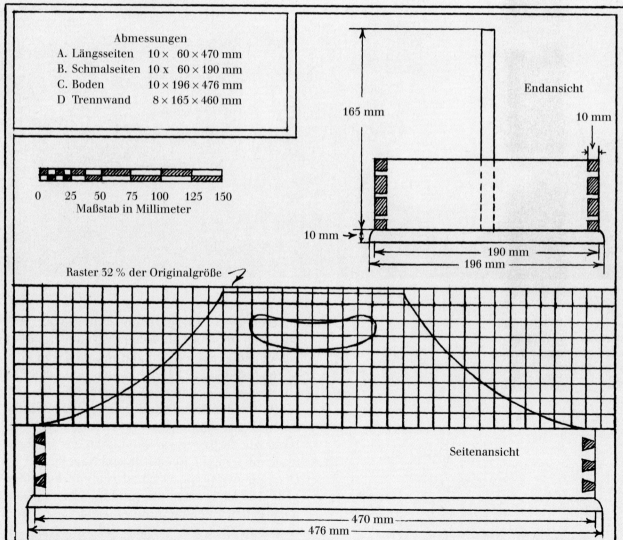

Die Abbildung zeigt das Kirschbaumholz-Tablett mit Trennwand neben einem Henkelkästchen aus Nußbaum und Esche aus dem Kapitel »Holzarbeiten für den Arbeitsraum«.

Holzarbeiten für die Nähstube

Die folgenden Objekte
– ein Fußschemel, ein Garnrollenhalter mit Nadelkissen
und drei Kleiderbügel –
wurden alle für die Shaker-Schwestern zum Gebrauch
in der Nähstube angefertigt.

Fußschemel

Der Schemel sieht sehr attraktiv aus. Er ist jedoch nicht sonderlich gut gebaut. Wie ich schon in der Einleitung ausführte, stieß ich bei meiner Arbeit an diesem Buch einen solchen Schemel von dem provisorischen Tisch, den ich in meiner Werkstatt aufgebaut hatte. Der Schemel fiel zu Boden, und die obere Stufe löste sich z. T. von den Wangen. Das wäre nicht passiert, wenn bessere Holzverbindungen in der Konstruktion gewählt worden wären.

Stückliste

A. Wangen	2 Stück	8 × 200 × 200 mm
B. Obere Stufe	1 Stück	8 × 110 × 220 mm
C. Untere Stufe	1 Stück	8 × 112 × 220 mm
D. Versteifung	1 Stück	8 × 100 × 180 mm
E. Nägel		

Anfertigung

Ich wählte für diesen Schemel ein Stück Kirschbaumholz mit Fladern und etwas Splint am Rand aus, weil ich das für eine gefällige Kombination hielt. Für die Schemelstufen nahm ich zwei Stücke, die überwiegend Kernholz und nur am Rand ein wenig Splint besaßen. Die gewölbte Versteifung entstand aus einem Stück Kernholz ohne Splint.
Nach dem Hobeln auf Dickte sägte ich die Teile auf Breite und Länge. Den Bogen an der Versteifung schnitt ich mit der Bandsäge aus.
Als nächstes montierte ich Nutensägeblätter in meine Kreissäge, arbeitete die abgesetzten Nuten für die Versteifung in die Innenseiten der Wangen und putzte sie mit einem Stecheisen nach. Dann stellte ich die beiden Nuten an der Unterseite der oberen Stufe her. Zum Schluß nagelte ich den Schemel zusammen.

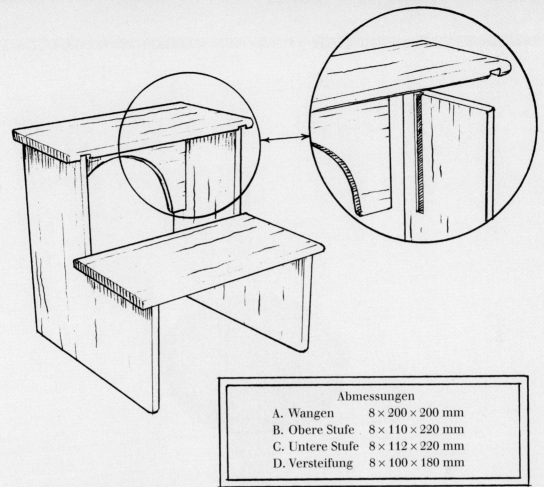

Abmessungen	
A. Wangen	8 × 200 × 200 mm
B. Obere Stufe	8 × 110 × 220 mm
C. Untere Stufe	8 × 112 × 220 mm
D. Versteifung	8 × 100 × 180 mm

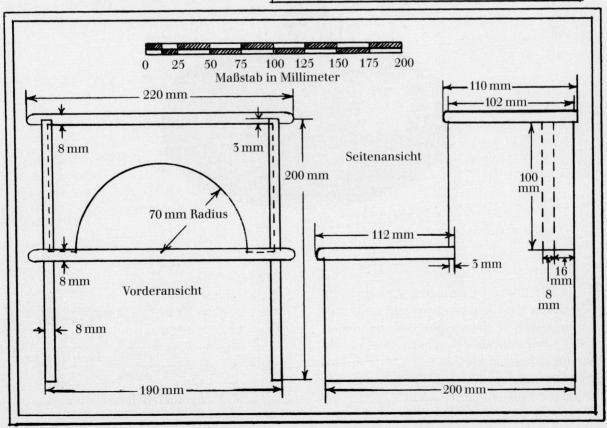

Garnrollenhalter mit Nadelkissen

Das von Ejner Handberg gezeichnete Original, die Vorlage für diesen Nachbau, ist etwas anders gestaltet. Sein Nadelkissen ist stärker blumenartig gegliedert und hat keinen grünen Stoffstern. Seitlich am Ständer ist außerdem ein kleines Stück Holz in Fingerspitzengröße auf einem Stahlstift befestigt, das als Halterung für einen Fingerhut dient.

Stückliste

A. Ständer	1 Stück	38 mm Ø × 122 mm
B. Grundplatte	1 Stück	18 × 150 mm Ø
C. Schale	1 Stück	14 × 95 mm Ø
D. Messingstifte	7 Stück	1,5 mm Ø × 38 mm
E. Nadelkissen	1 Stück	

Anfertigung

Ich hobelte zunächst das Holz für die Grundplatte und die Schale auf Stärke. Mit einem Zirkel riß ich darauf die Kreise mit etwas Übermaß an und sägte für das Drechseln die beiden Scheiben an der Bandsäge aus.

Mit der Grundplatte fing ich an. Ich schraubte eine Planscheibe von 76 mm ⌀ auf die Spindelnase meiner Drehbank und befestigte sie darauf. Zunächst drechselte ich das kleine Stabprofil oben am Umfang. Dann schnitt ich mit der Meißelspitze die Rille ein. Anschließend spannte ich die Schale auf die Planscheibe, um deren Unterseite zu bearbeiten. Nach dem Drechseln der Kontur an der Unterseite wendete ich sie, um die Mulde für das Nadelkissen zu drechseln. Es ist wichtig, die Schrauben für die Befestigung auf der Planscheibe möglichst nahe am Zentrum anzubringen, damit die Schraubenlöcher später an der Unterseite der Schale nicht sichtbar sind.

Als letztes drechselte ich den Ständer. Die äußere Form bereitete dabei keine Schwierigkeiten, aber bei den Zapfen an den beiden Enden mußte ich aufpassen. Bei jedem fing ich mit einem Abstechstahl an, mit dem ich bis auf den richtigen Durchmesser einstach. Mit einer Drehröhre schruppte ich die Zapfen bis nahe auf diesen Durchmesser. Schließlich legte ich einen scharfen Drehmeißel auf die Auflageschiene und schabte die Zapfen in ganzer Länge auf Fertigmaß.

Man kann die Arbeit auch ohne eine Ständerbohrmaschine fertigstellen, aber ich bin überzeugt, daß es damit besser gelingt. Denn dann sind die Zapfenlöcher genau rechtwinklig zu den Flächen von Grundplatte und Schale.

An meiner Ständerbohrmaschine bohrte ich Zapfenlöcher passend zu den Zapfen des Ständers in die Grundplatte und die Schale. Ehe ich die Teile verleimte, bohrte ich noch die Löcher mit 1,5 mm ⌀ für die Messingstifte (die Garnrollenhalter) in die Grundplatte. Auch das sollte an einer Ständerbohrmaschine gemacht werden, damit die Stifte alle senkrecht zur Fläche der Grundplatte stehen.

Erst nachdem ich die Oberflächenbehandlung am ganzen Stück beendet hatte, leimte ich das Nadelkissen mit Weißleim an seinen Platz.

Fußschemel, Garnrollenhalter und Kleiderbügel im Stil der Shaker verleihen dem Interieur einer modernen Wohnung die besondere Note.

Abmessungen
A. Ständer   38 mm ∅ × 122 mm
B. Grundplatte 18 mm × 150 mm ∅
C. Schale   14 mm × 95 mm ∅

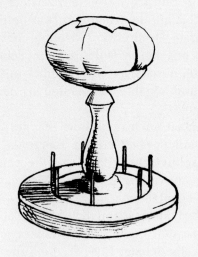

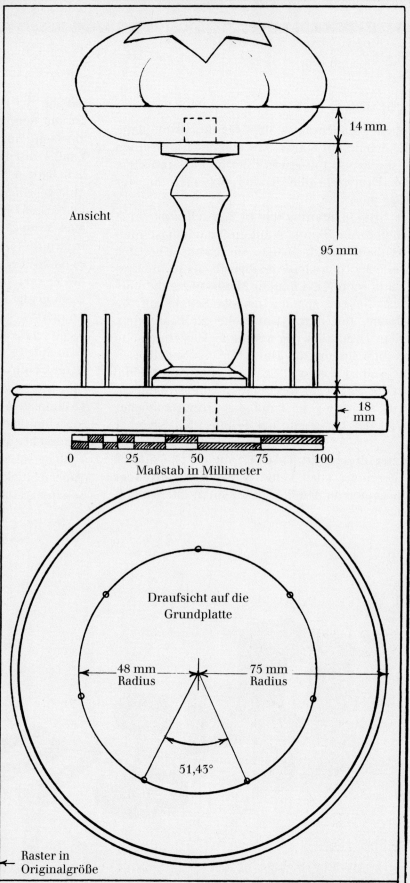

Ansicht

14 mm

95 mm

18 mm

0   25   50   75   100
Maßstab in Millimeter

Draufsicht auf die Grundplatte

48 mm Radius

75 mm Radius

51,43°

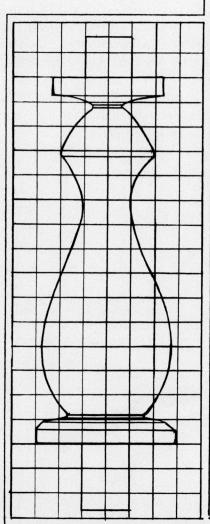

Raster in Originalgröße

Kleiderbügel

Für diese drei einfachen Formen braucht man nicht viel Holz, und sie erfordern auch nur wenig Arbeitsaufwand. Trotzdem wirken sie in einem modernen Haushalt durchaus attraktiv. Sie können allerdings nicht über eine Stange gehängt werden, wohl aber über Haken oder Holzdocken im Bad oder Schlafzimmer.

Anfertigung

Das Holz wird zunächst auf einheitliche Stärke gehobelt, dann der Umriß an der Bandsäge ausgesägt und die Kanten anschließend mit Schweifhobel, Raspel und Schleifpapier gerundet und geglättet.

Stückliste

Bügel a)	1 Stück	12 × 45 × 420 mm
Bügel b)	1 Stück	12 × 56 × 420 mm
Bügel c)	1 Stück	12 × 90 × 420 mm

Jeder mit einer Lederschlaufe

Bei jedem Bügel runde ich
die sägerauhen Kanten
mit einem hölzernen Schweifhobel.

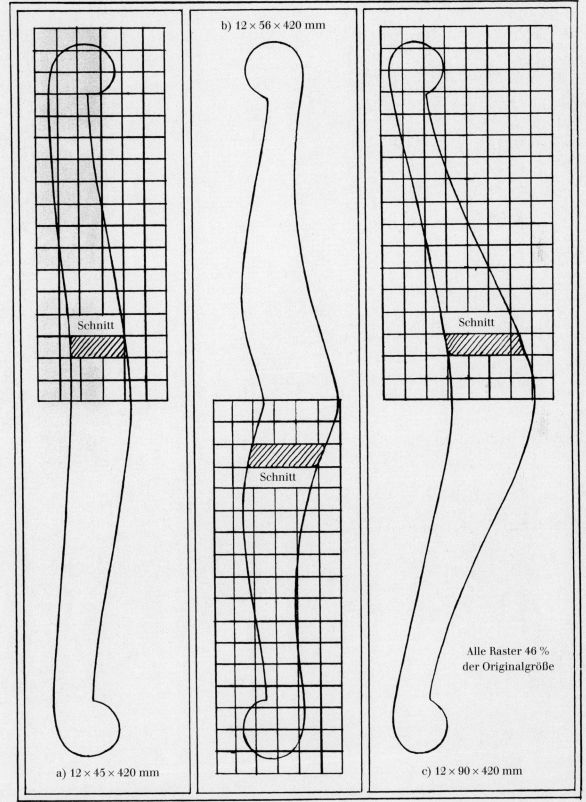

Holzarbeiten für den Arbeitsraum

Die in diesem Kapitel behandelten Gegenstände hätten in jedem Raum gebraucht werden können. Kerzenkasten und Kerzenhalter waren wahrscheinlich überall dort vorhanden, wo die Shaker gearbeitet, gelesen oder sich nach Eintritt der Dunkelheit unterhalten haben. Die Henkelkästchen könnten in der Küche oder der Nähstube benutzt worden sein. Es waren also bestimmt alles Dinge, die man in den Räumen finden konnte, in denen die Shaker ihren unterschiedlichen Verrichtungen nachgingen.

Kerzenkasten aus Eichenmaser

Am Original, das als Vorbild für diesen Kasten gedient hat, war der Deckel mit ineinandergreifenden Krampen am Kasten befestigt. Bei meinem ersten Nachbau benutzte ich auch solche »Krampenscharniere«, aber sie hatten derart viel Spiel, daß der Deckel nie so sauber ausgerichtet auflag, wie ich es wünschte. Daher änderte ich es und verwendete kleine Messingscharniere.

Stückliste

A. Längsseiten	2 Stück	10 × 110 × 300 mm
B. Schmalseiten	2 Stück	10 × 110 × 110 mm
C. Boden	1 Stück	10 × 90 × 280 mm
D. Deckel	1 Stück	10 × 114 × 308 mm
E. Scharniere	2 Stück	
F. Nägel		

Anfertigung

Ich richtete das Holz auf das vorgesehene Maß zu, stellte die Zinkenverbindungen her und leimte die Kastenseiten zusammen. Anschließend fügte ich den Boden ein. Durch stramme Passung hielt er sich schon von allein und wurde dann mit einem Dutzend kleiner Nägel befestigt. Ehe ich den Deckel montierte, rundete ich seine Kanten an drei Seiten mit einem Hobel, ähnlich wie ich es weiter oben schon beim Boden des Tabletts mit Trennwand beschrieben habe.

Die unteren Lappen der Scharniere ließ ich in die Oberkante des Rückenbretts ein, die oberen Lappen schraubte ich einfach unter den Deckel.

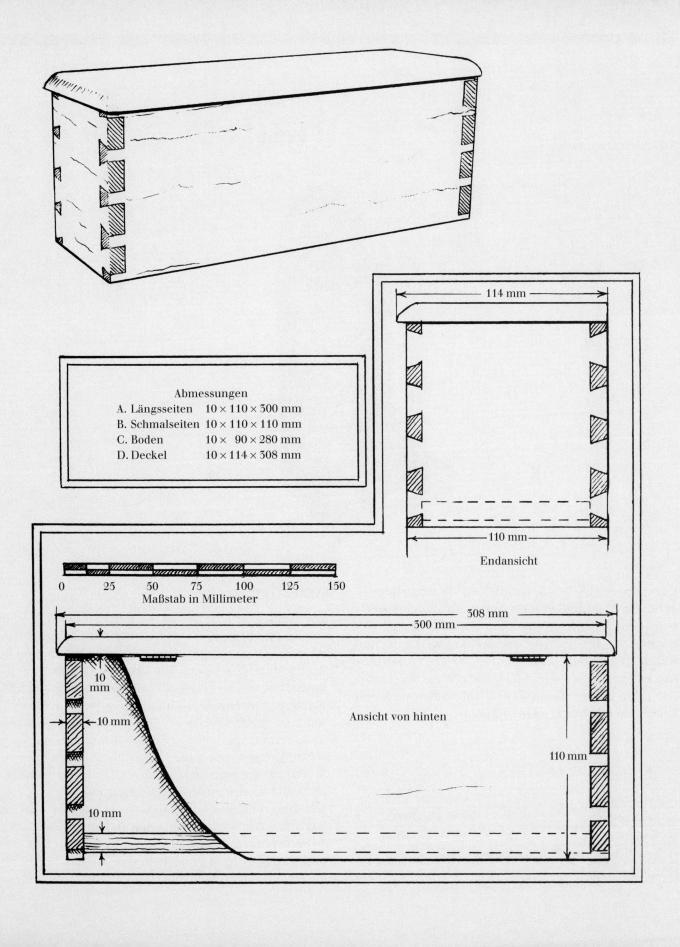

Kerzenhalter

Der ursprüngliche Kerzenhalter, beschrieben in »The Book of Shaker Furniture« von John Kassay, wurde zu Beginn des 19. Jahrhunderts in der Gemeinde New Lebanon hergestellt. Das Loch zum Aufhängen ist am Original auf grobe Art, vermutlich mit einem Messer oder Stecheisen, vergrößert worden, damit der Kerzenhalter auf einen dickeren Holzdocken gehängt werden konnte.

Stückliste

A. Rückwand	1 Stück	$8 \times 140 \times 400$ mm
B. Seitenteile	2 Stück	$8 \times 160 \times 300$ mm
C. Boden	1 Stück	$8 \times 150 \times 190$ mm
D. Vorderteil	1 Stück	$8 \times 30 \times 208$ mm
E. Kleine Nägel		

Anfertigung

Die Teile wurden auf Stärke gehobelt und an der Bandsäge ausgesägt. Dann bohrte ich das Loch von 25 mm $\varnothing$ in die Rückwand. Da die Seitenteile nicht im rechten Winkel zum Rückenbrett stehen, ist jetzt einige Paßarbeit erforderlich. Mit Einhandhobel und Stecheisen arbeitete ich die Schrägen an beide Seiten des Rückenbretts an und begrenzte sie oben durch einen vorsichtigen Schnitt mit einer Feinsäge. Ich prüfte mehrfach die Genauigkeit der Schrägen, indem ich die Seitenteile dagegen hielt. Nachdem alles paßte, nagelte ich die Teile zusammen.
Um die Enden des Vorderteils im exakten Winkel zu begrenzen, ließ ich es zunächst an jedem Ende etwa 10 mm länger. Nach dem Zusammenbau sägte ich den Überstand mit einer Feinsäge ab und verputzte die Enden mit einem Hobel.

Abmessungen
A. Rückwand   8 × 140 × 400 mm
B. Seitenteile 8 × 160 × 300 mm
C. Boden   8 × 150 × 190 mm
D. Vorderteil 8 × 30 × 208 mm

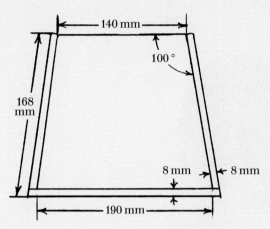

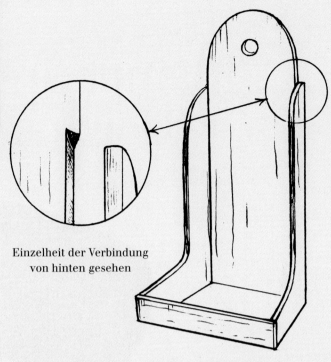

Einzelheit der Verbindung von hinten gesehen

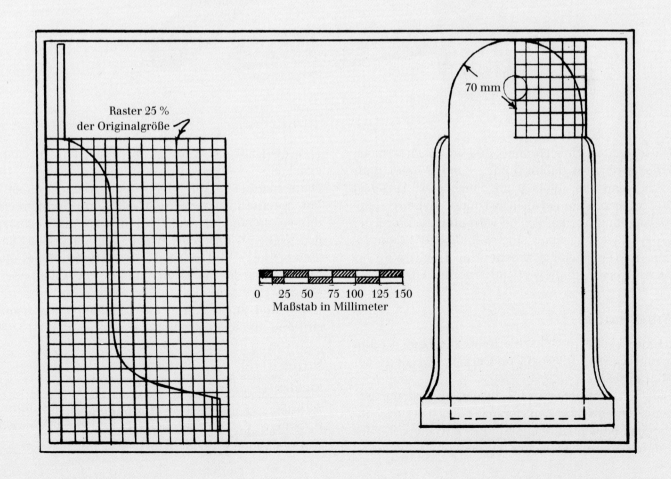

Raster 25 % der Originalgröße

70 mm

0 25 50 75 100 125 150
Maßstab in Millimeter

Kleiner und großer Holzhammer

Diese beiden Holzhämmer sind im Buch »Shaker Woodenware: A Field Guide, Band 2« von June Sprigg und Jim Johnson abgebildet. Die Verfasser äußern sich nicht darüber, wozu der kleinere Hammer benutzt worden ist. Sie vermuten aber, daß der größere wegen seiner ungewöhnlichen Proportionen für verschiedene Arbeiten im Arbeitsraum bei der Holzbearbeitung verwendet worden ist.

Anfertigung

Ich drechselte zunächst die Köpfe der beiden Hämmer mit etwas Übermaß und brachte sie dann zur Bohrmaschine.
Den Seitenanschlag der Bohrmaschine stellte ich, gemessen bis zur Zentrierspitze des Forstnerbohrers, auf halben Durchmesser des jeweiligen Kopfes ein. Ich bohrte Sacklöcher auf die vorgesehene Tiefe, wobei ich die Werkstücke gegen den Anschlag drückte.
Dann spannte ich die Köpfe wieder in die Drehbank ein, drechselte an jeder Seite den Konus, schlichtete und schliff sie und stach die Rillen ein. Als nächstes drechselte ich die Stiele. Wie die Zapfen an den Stielenden hergestellt werden, ist auf Seite 77 bei der Anfertigung des Garnrollenhalters mit Nadelkissen erklärt.
Köpfe und Stiele hätten anschließend einfach mit strammem Zapfensitz und Leim zusammengesetzt

Stückliste

Kleiner Hammer		
A. Kopf	1 Stück	48 mm ⌀ × 64 mm
B. Stiel	1 Stück	27 mm ⌀ × 138 mm
C. Gefangener Keil, passend gearbeitet		

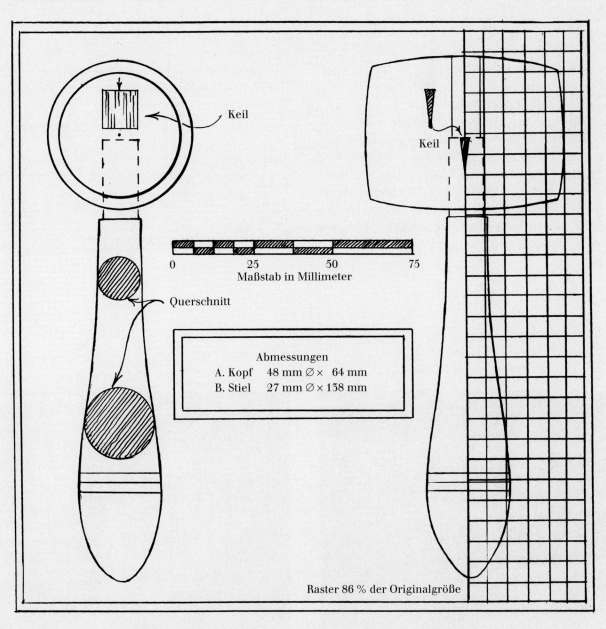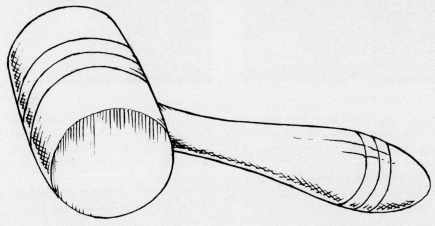

werden sollen, aber ich wählte eine andere Befestigungsart, die eine noch festere Verbindung geben würde: einen gefangenen Keil.

Der mit geringem Übermaß gefertigte gefangene Keil wird in einen Sägeschnitt im Zapfen eingeführt, ohne jedoch den Zapfen zu spreizen. Beides wird dann in das zugehörige Sackloch gesteckt. Beim vollständigen Einschlagen des Zapfens stößt zunächst der Keil gegen den Grund des Sacklochs, wird tiefer in den Sägeschnitt gedrückt und spreizt dabei den Zapfen kräftig gegen die Lochwandung.

(Anmerkung des Übersetzers: Richtung beachten, der Druck des Keils muß in Richtung der Holzfasern erfolgen, sonst platzt der Kopf.)

Stückliste

Großer Hammer

A. Kopf	1 Stück	84 mm ⌀ × 130 mm
B. Stiel	1 Stück	27 mm ⌀ × 140 mm
C. Gefangener Keil, passend gearbeitet		

Der Kopf des großen Hammers ist zylindrisch grob vorgedreht. Dann spanne ich ihn aus der Drehbank aus. Der Seitenanschlag auf dem Bohrtisch wird auf das Maß des halben Durchmessers bis zur Zentrierspitze des Forstnerbohrers eingestellt, dann drücke ich den Rohling dagegen und bohre ein Sackloch entsprechender Tiefe. Anschließend spanne ich ihn wieder in die Drehbank ein und drechsle ihn fertig.

Ein Keil aus Nußbaumholz ist in den Sägeschnitt am Ende des Zapfens gesteckt. Wenn dieser den Boden des Sacklochs (im Hammerkopf) erreicht, wird er beim weiteren Eintreiben des Stiels tiefer in den Sägeschnitt gepreßt und spreizt den Zapfen gegen die Wandung des Sacklochs. Dadurch wird der Zapfen unlösbar befestigt. Vor dem Einführen des Zapfens in das Sackloch wird an alle Teile Leim angegeben.

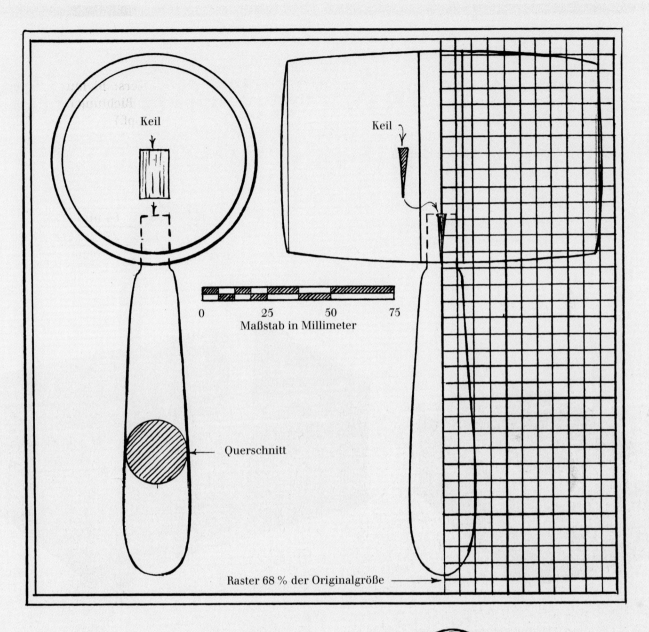

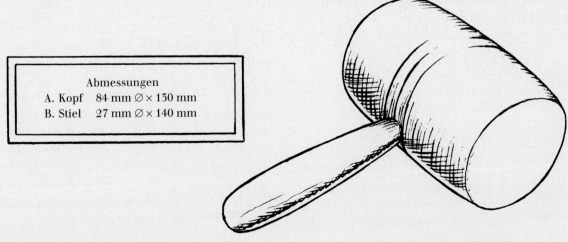

Kästchen aus Nußbaum und Kirsche mit Eschenhenkel

Diese eleganten Henkelkästchen lassen sich leicht herstellen und bieten eine einfache Einführung in das Biegen von Holz.

Stückliste

Kleines Kästchen		
A. Längsseiten	2 Stück	5 × 50 × 140 mm
B. Schmalseiten	2 Stück	5 × 50 × 80 mm
C. Boden	1 Stück	5 × 90 × 150 mm
D. Henkel	1 Stück	3 × 10 × 260 mm
E. Kupfernägel	4 Stück	
F. Kleine Nägel		

Anfertigung

Zuerst nahm ich mir das Eschenholz für die Henkel vor, da es nach dem Biegen einige Tage trocknen mußte. Ich suchte astreines, geradfaseriges Holz aus, das ich auftrennte und auf etwas weniger als 3 mm hobelte. Bei dem kleinen Biegeradius konnte leicht etwas schiefgehen, deshalb stellte ich mehr Teile her, als benötigt wurden. Dann sägte ich die Biegeform für die Henkel an der Bandsäge aus. Ich stellte davon zwei Größen her, eine für das kleine Kästchen aus Nußbaum, eine für das größere aus Kirsche. Nach diesen Vorarbeiten befaßte ich mich mit dem Biegevorgang.

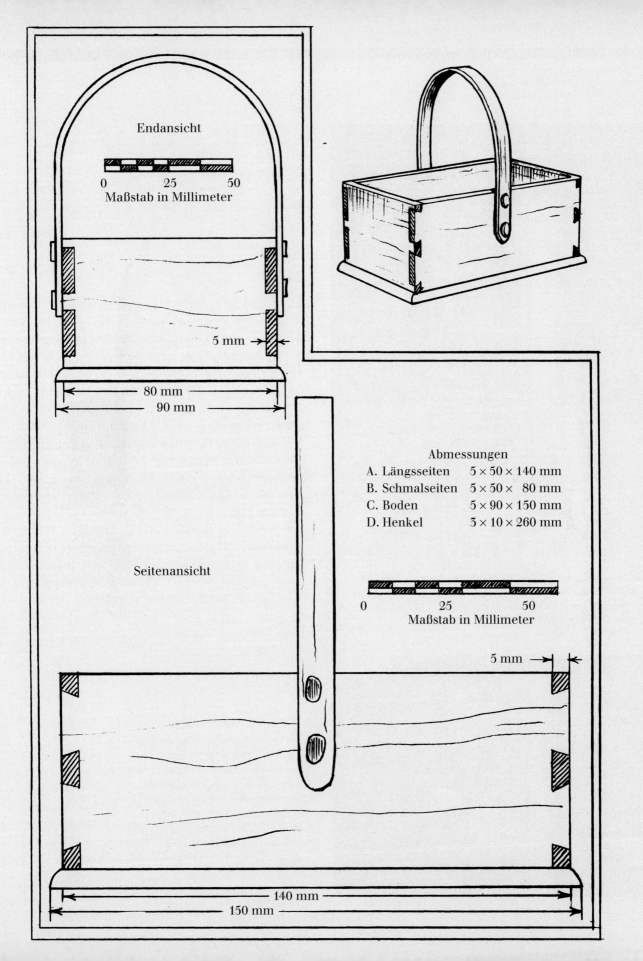

Die Abbildung zeigt den Dampfapparat, in dem das Holz für die Henkel geschmeidig gemacht wird. Das Wasser wird in der Friteuse erhitzt. Der Dampf steigt in einem PVC-Rohr nach oben, in dem die Teile hängen, die gebogen werden sollen.

Stückliste

Größeres Kästchen			
A. Längsseiten	2 Stück	5 × 80 × 200 mm
B. Schmalseiten	2 Stück	5 × 80 × 130 mm
C. Boden	1 Stück	5 × 140 × 210 mm
D. Henkel	1 Stück	3 × 12 × 375 mm
E. Kupfernägel	4 Stück	
F. Kleine Nägel		

Holz läßt sich dann biegen, wenn es genügend geschmeidig gemacht worden ist. In dem Zustand bricht es auch nicht, wenn man es in die gewünschte Form biegt. Es gibt zwei Methoden, Holz geschmeidig zu machen, bei beiden wird Wasser verwendet. Das Kochen der Holzstreifen für die Henkel ist vielleicht der einfachste Weg, sie sind noch nicht zu groß, als daß sie nicht in einen Topf auf dem Herd passen würden. Ich selbst habe meine mit Dampf geschmeidig gemacht, weil ich für die Stuhlherstellung bereits einen Dampfapparat gebaut hatte, den ich für das Biegen der Rückenpfosten und Stäbe benutzt hatte.

Ich setzte die Streifen aus Eschenholz 30 bis 40 Minuten dem Dampf aus, nahm sie aus dem Dampfapparat, brachte sie zur Biegeform, legte sie herum und spannte sie fest. Dabei ist rasches und doch sorgfältiges Arbeiten sehr wichtig.

Nach der Entnahme aus dem Dampfapparat lege ich die Eschenstreifen um die Biegeformen. Wie Sie sehen, sind um jede Form zwei Streifen nebeneinander gelegt. Einer der beiden größeren Streifen platzte außen auf. Derartiges Zubruchgehen ist bei Esche selten, sie läßt sich im allgemeinen sehr gut biegen.

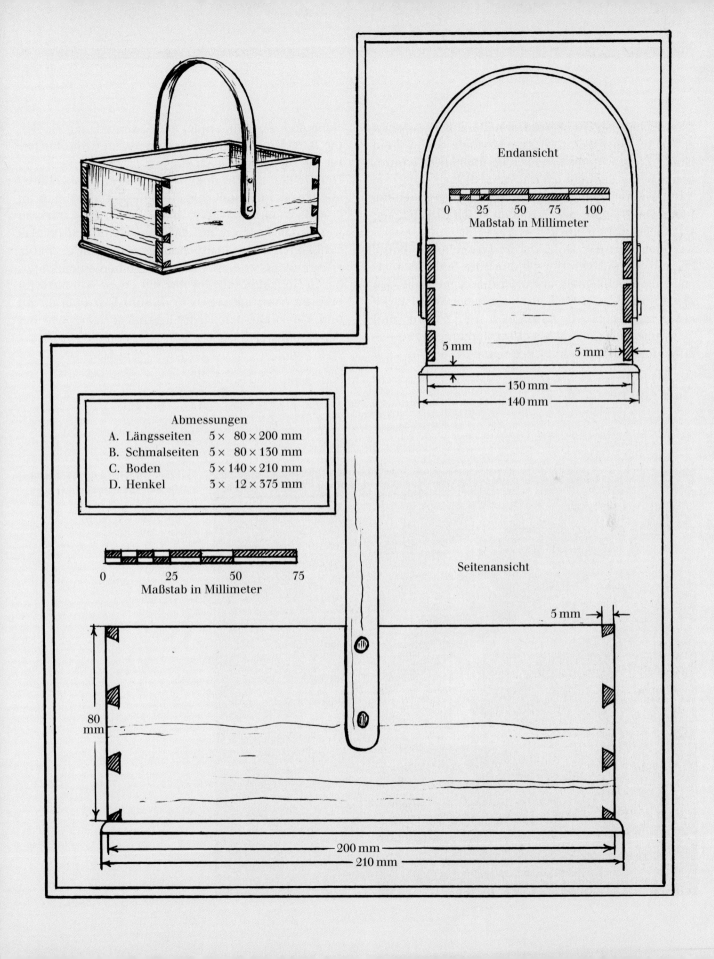

Dann wandte ich mich der Herstellung der Kästchen zu. Da ich nach Fotos (Shaker Woodenware: A Field Guide, Band 1) und nicht nach vermaßten Zeichnungen arbeitete, mußte ich die Wandstärken schätzen. Nach den einzigen genannten Abmessungen – Höhe, Länge und Breite der Kästchen – schätzte ich die Wandstärke auf 5 mm.

Nachdem ich das Holz auf Dicke gehobelt hatte, begann ich mit der Herstellung. Die fertigen Kästchen sind recht stabil, aber während der Arbeit sind die Einzelteile wegen der geringen Wandstärke etwas zerbrechlich. Besonders die Zinken und Schwalbenschwänze der Eckverbindungen sind anfällig und müssen behutsam behandelt werden.

Nach dem Zusammenbau der Seitenteile nagelte ich die Böden mit kleinen Nägeln darunter (die Löcher für die Nägel bohrte ich vor).

Der Henkel am Original des kleineren Shaker-Kästchens war mit Kupfernägeln befestigt, die innen im Kästchen umgebogen waren. Ich nahm stärkere Kupfernägel als die am Original, damit ich für das Umbiegen eine ausreichende Schaftstärke hatte. Während das größere Shaker-Kästchen einen klappbaren Henkel besaß, der nur mit einem Kupfernagel befestigt war, nahm ich in diesem Fall zwei davon und befestigte den Henkel genauso starr wie bei dem kleineren Kästchen.

Beim Vorbohren der Löcher für die Befestigungsnägel werden die genau ausgerichteten Teile mit Federklammern gehalten.

Ich treibe die Kupfernägel durch die vorgebohrten Löcher und biege sie auf einem flachen Ringschlüssel um, der auf meine Bankverlängerung gespannt ist. Damit die umgebogenen Enden alle in die gleiche Richtung zeigen, biege ich sie zunächst mit einer Zange in die richtige Richtung, ehe ich sie auf dem Schlüssel festhämmere.

Holzarbeiten für die Vorratskammer

Die ovale Schachtel, der Inbegriff der Holzarbeiten der Shaker,
ließ sich in jedem Raum verwenden,
in dem Shaker wohnten und arbeiteten.
Da sie jedoch offensichtlich als Behälter für Vorräte dienten,
habe ich sie in dem Kapitel über die Vorratskammer aufgeführt,
weil sie hier wohl am meisten gebraucht wurde.

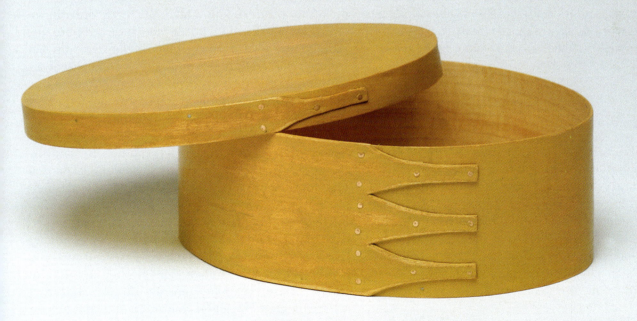

Ovale Schachteln

In einer verwirrenden Vielfalt von Größen und Formen fertigten die Shaker Schachteln* aus gebogenem Holz. Einige hatten einen Deckel wie die hier gezeigten. Andere hatten Henkel, aber keinen Deckel und wurden als Tragkörbe benutzt. Noch andere hatten weder Henkel noch Deckel. Spucknäpfe gehören zu der letzten Art.

Material

Für die Seitenwände der Schachteln wurde Ahornholz verwendet, da es sich gut biegen läßt und selbst in einer Stärke von nur 1,6 mm ausreichend Festigkeit besitzt. Für die Böden und Deckel war Kiefernholz mit stehenden Jahresringen (Riftschnitt) das bevorzugte Holz. Es verzieht sich nicht, ein wichtiger Punkt bei der Anfertigung von Gegenständen, bei denen sich kein Teil an stabilen Bauteilen befestigen läßt. Für die hier gezeigten Schachteln verwendete ich Ahorn und Kiefer mit stehenden Jahresringen.

Für einige Schachteln trennte ich das Holz aus dickeren Brettern auf und hobelte es auf die gewünschte Stärke; da ich mir jedoch bewußt bin, daß nicht jeder Leser eine geeignete Bandsäge zum Auftrennen hat, fertigte ich auch einige Schachteln aus 1,6 mm starkem Ahornfurnier an (man kann es bei vielen Holzlieferanten bekommen). In beiden Fällen ließ es sich gut verarbeiten.

Für Deckel und Böden nahm ich Weymouthskiefer der geringsten Güteklasse. Ich sah den Bestand bei meinem örtlichen Holzhändler durch und konnte einige Bretter finden, die über ihre Breite größere Flächen mit stehenden Jahresringen aufwiesen (auf beiden Seitenflächen sind dabei die Jahresringe gerade, parallel und stehen eng beieinander). Fehlstellen – Äste, Harzgallen und wirren Faserverlauf – sägte ich heraus und hobelte die Bretter auf 12 mm Dicke. Dann stapelte ich die Bretter mit zwischengelegten Hölzchen und ließ sie in meiner geheizten Werkstatt einige Monate trocknen. Anschließend hobelte ich mit einer Rauhbank eine Seite glatt, schob die Bretter mit der glatten Seite nach unten durch meine Dickenhobelmaschine und brachte sie auf die vorgesehene Dicke von 6 mm.

---

* Die Schachteln werden manchmal auch als Spanschachteln bezeichnet. Da das Holz für die Seitenwände aber nicht maschinell vom Stamm abgespalten wurde, sondern von Hand in der Art gesägt, wie einst auch Furnier hergestellt worden ist, verwende ich den Begriff Spanschachtel nicht. Er würde der Stabilität der Schachteln auch nicht gerecht werden, sondern – ganz zu Unrecht – einen Eindruck von einer labilen Schachtel vermitteln.

Anfertigung

Ich hatte bereits ganz allgemein einige Erfahrung bei der Herstellung von Schachteln mit gebogenen Seitenwänden gesammelt. Bislang hatte ich jedoch noch keine von den typischen ovalen Schachteln der Shaker hergestellt. Also mußte ich hier wieder bei Null anfangen.

Biegeformen

Zuerst nahm ich die Herstellung der Biegeformen in Angriff. Geschmeidig gemachtes Holz für Seitenwände und Deckelränder wird um diese Formen gebogen und festgespannt, bis es getrocknet ist. Eine Originalform, die von den Shakern bei der Anfertigung von ovalen Schachteln benutzt wurde, ist im Buch »Shaker Woodenware: A Field Guide« von June Sprigg und Jim Johnson abgebildet. Sie hat eine große Achse von 180 mm und ist auf einem Untersatz befestigt, mit dem sie in einen Schraubstock gespannt werden konnte, um sie festzuhalten. Am Umfang ist jeweils auf einer Seite in der Mitte des flachen Bogens ein Streifen aus Gußeisen eingelassen, der beim Vernieten der Kupfernägel, mit denen die Überlappung zusammengenagelt wurde, als Amboß diente. Die von mir angefertigten Formen sind diesem Vorbild bis auf einige Details sehr ähnlich.

Für jede Schachtel sind zwei Formen erforderlich, eine für die eigentliche Schachtel und eine für den Deckel. Beide besitzen genau dort Metalleinlagen, wo die Überlappungen der fertigen Schachtel zu liegen kommen.

Da ich reichlich Nußbaum und Kirsche passender Stärke vorrätig hatte, stellte ich daraus meine Formen her (jede andere Holzart tut es auch). An der Bandsäge sägte ich den ovalen Umfang aus und ebnete und glättete ihn mit Hobel, Raspel und Schleifpapier. Denken Sie daran, daß verschieden hohe Formen für die unterschiedlich hohen Schachteln benötigt werden. Es ist wichtig, daß der Umfang ein ganz gleichförmiges Oval darstellt, da jede Abweichung später an der fertigen Schachtel unschöne, flache Stellen ergibt. Nach der sorgfältigen Bearbeitung der Formen, schraubte ich Klötze von 50 × 100 mm Querschnitt darunter. Mit diesen Klötzen konnte ich sie für das Herumbiegen der Seitenwände sowie das Vernieten in meinen Schraubstock spannen. Anschließend stellte ich Formen für die Deckel her (auch sie haben unterschiedliche Höhe). Um ihre richtige Größe zu ermitteln, zog ich einen Riß um jede Schachtelform herum und gab rundum 1,6 mm zu. Dann sägte ich die Formen an der Bandsäge aus und ebnete und glättete den Umfang von Hand. Auch unter diese Formen schraubte ich Klötze von 50×100 mm Querschnitt.

Als nächstes mußten die Metallstreifen als Amboß beim Vernieten der Kupfernägel in jede Form eingelassen werden. Ich hatte kein dünnes Gußeisen wie es die Shaker verwendeten, aber ein Handwerker hatte bei einer Arbeit an unserem Dach ein Tropfblech aus verzinktem Blech abgebaut, das noch aus der Zeit um 1960 stammte. Das Blech war viel stärker als heute üblich. Dieses Tropfblech zog ich aus dem Abfall heraus und schnitt daraus Streifen.

Mit einem Stecheisen stellte ich an den Formen die flachen Vertiefungen dafür her. Die Vertiefungen und die Rückseiten der Streifen strich ich sorgfältig mit Kontaktkleber ein und preßte jedes Teil an seine Stelle.

Die Schachtelform im Hintergrund ist bereits mit dem Metalleinsatz zum Vernieten der Kupfernägel versehen. An der vorn eingespannten Form für den Deckelrand erkennt man oben den Rezess für das Anbringen des Metalleinsatzes.

Schachteln

Zum Zuschneiden der Streifen für Seitenwände und Deckelränder legte ich ein feingezahntes, 1,5 mm starkes Blatt auf meine Bandsäge. Die Sägekanten dieser Streifen wurden dann bestoßen. Dazu spannte ich sie so zwischen zwei 12 mm starke Bretter, daß die Kanten nur wenig vorstanden. So hatten die dünnen Streifen beim Bestoßen mit einem Hobel genügend Halt.

Dann sägte ich die Streifen mit dem gleichen Sägeblatt an der Bandsäge auf die erforderliche Länge.

Mit einem scharfen Messer schnitt ich die für die ovalen Schachteln charakteristischen »Finger« aus. Das macht einige Mühe, ist aber nicht so schwer, wie es aussieht. Mit Federklammern spannte ich einen Streifen auf ein untergelegtes Brett. Nach vorsichtigen leichten Schnitten, die die Kontur markierten, trennte ich mit zwei oder drei kräftigen Schnitten den Abfall von den »Fingern«.

Mit einem scharfen Stecheisen schabte ich rückwärts über die Oberfläche, um alle Unebenheiten zu entfernen und die Stärke im Bereich der Überlappung zu reduzieren. (Für die Seitenwände der beiden kleineren Schachteln sollte das Holz etwas dünner gewählt werden als 1,6 mm.) Seitenwände und Deckelränder waren dann fertig zum Einweichen.

Stückliste
Kleinste Schachtel

A. Seitenwand	1 Stück	1,2 × 35 × 300 mm
B. Deckelrand	1 Stück	1,2 × 12 × 310 mm
C. Boden	1 Stück	5 × 58 × 90 mm
D. Deckel	1 Stück	5 × 61 × 93 mm
E. Kupfernägel		
F. Kleine Nägel		

Dies sind die Schablonen, mit denen ich die Umrisse für das Ausschneiden der »Finger« übertrage.

Die sägerauhen Kanten der Streifen für Schachtel und Deckel werden mit einem Einhandhobel bestoßen.

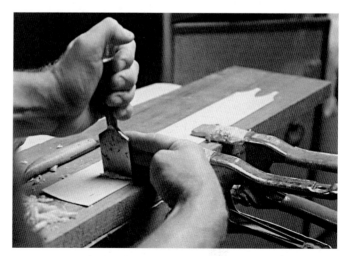

Mit einem scharfen Stecheisen reduziere ich im Bereich der Überlappungen die Holzstärke, indem ich es unter Druck auf mich zu ziehe.

Abmessungen	
A. Seitenwand	1,2 × 35 × 300 mm
B. Deckelrand	1,2 × 12 × 310 mm
C. Boden	5 × 58 × 90 mm
D. Deckel	5 × 61 × 93 mm

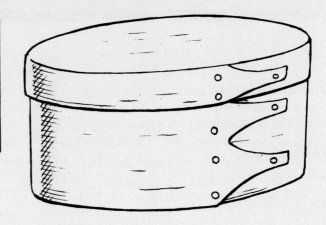

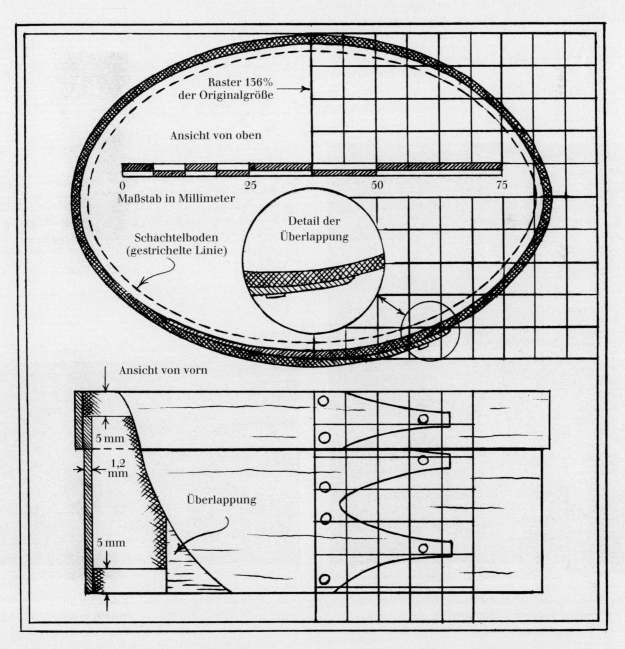

Ich weichte das Holz zum Vergleich eine Stunde lang und auch über Nacht sowohl in heißem als auch in kaltem Wasser ein. Keine der Methoden erwies sich gegenüber den anderen als besser. Alle ergaben, daß sich das dünne Ahornholz leicht biegen ließ. Mit Dampf versuchte ich es gar nicht erst, weil ich befürchtete, daß sich die dünnen Teile so stark verformen würden, daß sie nicht mehr zu gebrauchen wären. Außerdem hatte ich gehört, daß die Shaker Schachtelwände lieber einweichen, statt sie zu dämpfen.

Meine ersten Versuche, das geschmeidig gemachte Holz um die Formen zu biegen, mißlangen. Während ich mich damit abmühte, riß das Holz in den Einschnitten zwischen den »Fingern« immer ein. Meine Lösung? Ich hielt die »Finger« mit Zulagen aus vier Holzstreifen, verbunden mit Klebeband, nieder. Die Spannbänder (oder Gummibänder) wurden dann über diese Zulagen gespannt. (Siehe die untere Abbildung auf Seite 109.)

Stückliste
Kleine Schachtel

A. Seitenwand	1 Stück	1,2 × 50 × 434 mm
B. Deckelrand	1 Stück	1,2 × 14 × 438 mm
C. Boden	1 Stück	5 × 80 × 125 mm
D. Deckel	1 Stück	5 × 83 × 128 mm
E. Kupfernägel		
F. Kleine Nägel		

Die Form ist mit ihrem Klotz von 50 × 100 mm Querschnitt in meine Bankzange gespannt. So kann ich das Holz um sie biegen, ohne mit der Form selbst hantieren zu müssen. Die gebogene Seitenwand wird mit einem Spannband gehalten. Bei den kleineren Formen verwende ich Gummibänder für das Spannen der gebogenen Teile. Sie sehen auch das Stück Wachspapier unter der metallenen Spannklammer. Es verhindert, daß das Metall Verfärbungen auf dem feuchten Ahornholz hinterläßt.

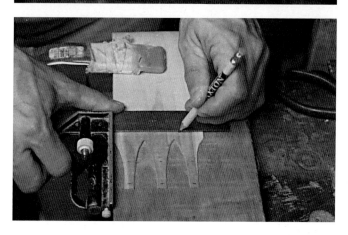

Die Schachtelseite bleibt 24 Stunden auf der Form eingespannt, dann bereite ich die Verbindung der Enden vor. Das Stück wird mit einer Federklammer auf einer Unterlage befestigt, dann reiße ich die Position der Kupfernägel mit drei Linien über die »Finger« an.

Alle Löcher für die Kupfernägel werden am außenliegenden Ende der Überlappung vorgebohrt.

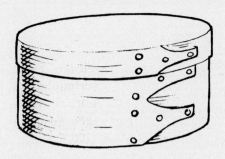

Abmessungen
A. Seitenwand 1,2 × 50 × 434 mm
B. Deckelrand 1,2 × 14 × 438 mm
C. Boden   5 × 80 × 125 mm
D. Deckel   5 × 83 × 128 mm

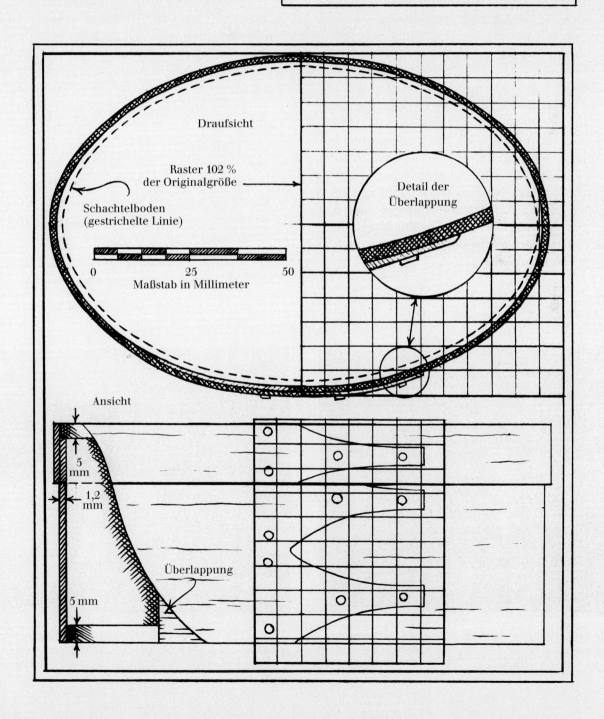

Solange das Holz noch feucht war, hatte ich sehr viel Mühe, die Überlappung der Schachtelwand zu vernageln, deshalb machte ich die Arbeit in zwei Stufen. Zunächst bog ich das Holz stramm um die Form herum, spannte es mit einem Gurtband bzw. Gummiband fest und ließ es 24 Stunden trocknen. Als das Holz danach die Biegung permanent angenommen hatte, nahm ich es von der Form und bohrte die Löcher für die Nägel am außenliegenden Ende der Überlappung vor.

Anschließend legte ich das Holz wieder um die Form, die von einer Zwinge an ihrem Klotz gehalten wurde. Die Schiene der Zwinge war so in die Hobelbankzange gespannt, daß sich die Form in bequemer Höhe befand. Ich nagelte die Überlappung zusammen und überließ das ganze weitere 24 Stunden sich selbst, ehe ich den Boden bzw. Deckel einfügte.

Es ist wichtig, daß das Vernageln genau über den Metalleinlagen erfolgt, da nur dort die Nagelenden für eine sichere Verbindung der Enden innen richtig umgenietet werden können.

Shaker-Handwerker benutzten bei der Anfertigung von ovalen Schachteln nur kleine Nägel, um die Überlappung zusammenzuhalten. Obgleich ich mir sagte, daß es eigentlich nicht nötig sei, konnte ich es nicht lassen, etwas Leim an die Flächen zu geben. Im Anfang meiner Fertigung solcher Schachteln versuchte ich einen frisch verleimten und vernagelten Rand über einen etwas zu großen Deckel aus Kiefer zu zwängen (der Leim hatte noch nicht abgebunden). Ich zog an dem Rand mit aller Kraft, aber die Nägel gaben nicht nach.

Stückliste
Große Schachtel

A. Seitenwand	1 Stück	1,6 ×	60 × 525 mm
B. Deckelrand	1 Stück	1,6 ×	16 × 535 mm
C. Boden	1 Stück	6 ×	106 × 156 mm
D. Deckel	1 Stück	6 ×	110 × 160 mm
E. Kupfernägel			
F. Kleine Nägel			

Hier sieht man, wie die Form von einer Zwinge gehalten wird. Die Schiene der Zwinge ist in die Hobelbankzange gespannt. So befindet sich die Metalleinlage in passender Höhe für die Vernagelung.

Die Nägel werden durch die Überlappung geschlagen, wobei ein kräftiger Schlag zum Schluß das Umnieten gegen die Metalleinlage bewirkt. Die beiden Bleistiftlinien unter der Überlappung deuten an, wo sich die Metalleinlage befindet.

Abmessungen
A. Seitenwand   1,6 × 60 × 525 mm
B. Deckelrand   1,6 × 16 × 535 mm
C. Boden   6 × 106 × 156 mm
D. Deckel   6 × 110 × 160 mm

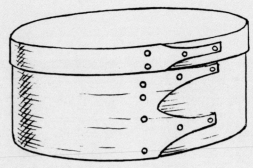

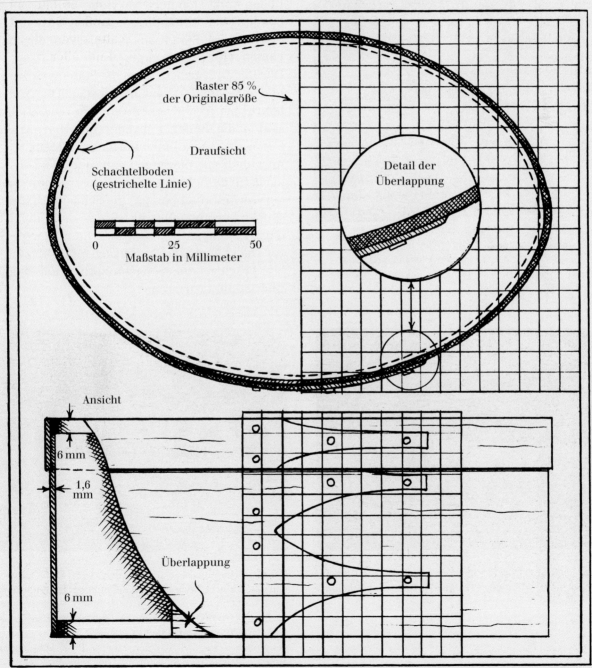

Nach dem Trocknen setzte ich die vernagelte Seitenwand auf ein 6 mm starkes Kiefernbrett mit stehenden Jahresringen und machte mit einem Bleistift entlang der Innenkontur einen Riß auf dem Brett. An der Bandsäge sägte ich mit einem Sägeblatt von 6 mm Breite den Boden vorsichtig aus. Die ersten Böden mußte ich noch mit Hobel und Raspel nacharbeiten, aber allmählich bekam ich so viel Übung, daß ich die Böden so, wie sie von der Bandsäge kamen, einbauen konnte.

Der Boden wurde dann in die Seitenwand eingesetzt und mit kleinen Nägeln befestigt. Die Nagellöcher bohrte ich in der Seitenwand vor. Die Shaker befestigten die Böden entweder mit Holznägeln, Kupfernägeln oder kleinen normalen Nägeln.

Anschließend nahm ich mir den Deckel vor. Zunächst legte ich den noch nicht zusammengenagelten Deckelrand oben um die Schachtel. Nachdem er sauber herumpaßte, riß ich das Ende der Überlappung mit Bleistift darauf an. Dann brachte ich ihn zur Deckelform (die so eingespannt war wie die vorher beschriebene Schachtelform) und nagelte die Überlappung zusammen.

Der Deckelrand ist oben um die fertige Schachtel gelegt. Ein Bleistiftriß markiert die richtige Lage der Überlappung. Dann wird der Rand auf der Deckelrandform (die in eine Zwinge eingespannt ist) zusammengenagelt.

Um die Außenkontur der Schachtel wird ein Riß gezogen (um die Form des Deckels zu ermitteln), und das Ende der Überlappung wird angezeichnet.

Der Deckelrand wird so auf das angerissene Kiefernbrett gesetzt, daß das »Finger«-Ende mit dem Riß auf dem Brett übereinstimmt. In dieser Stellung wird nun auch das innere Ende der Überlappung auf dem Brett angerissen. Der Riß, auf den der Bleistift deutet, begrenzt einen noch herzustellenden Anschlag am Deckel, der gewährleisten soll, daß der »Finger« des Randes nach der Montage genau über den »Fingern« der Schachtel liegt.

Bei der Anfertigung der ersten Deckel legte ich einfach den ringförmigen Deckelrand auf ein 6 mm starkes Kiefernbrett und riß darauf innen entlang des Randes an. Diese Methode ging ganz gut, und es ergaben sich auch gut passende Deckel, aber bisweilen lagen die »Finger« von Deckel und Schachtel nicht in einer Flucht. Um das zu verbessern, nahm ich das innere Ende der Überlappung als Referenzpunkt an und richtete seine kleine Kante zu dem Riß am Deckel so aus, daß alle »Finger« in einer Flucht lagen.

Nach dem Vorbohren der Löcher wird der Deckel eingenagelt.

Die Schachteln links sind fertig für die Oberflächenbehandlung. Auf den Formen hinten sind die Teile für Deckel und Schachteln fertig zum Vernageln. Die Holzstreifen rechts sind für Schachtelwände und Deckelränder bestimmt. Sie sehen auch die unter die Formen geschraubten Klötze, außerdem die Zulagen im Bereich der »Finger«. Ohne solche Zulagen können beim Herumlegen um die Form leicht Risse zwischen den »Fingern« auftreten. Ich stelle die Zulagen aus Streifen von 6 mm starkem Holz her und verbinde sie mit Klebeband.

Als ich später viele Schachteln anfertigte, stellte ich fest, daß ich bei sorgfältigem Ausrichten des Randes auf seiner Form die Lage recht genau treffen konnte, so daß bei der Montage nur ganz geringe Korrekturen notwendig waren, um die »Finger« in die richtige Flucht zu bringen.

Der Rand wurde dann über den Deckel gedrückt und beides durch vorgebohrte Löcher mit kleinen Nägeln verbunden.

Oberflächenbehandlung

Vier der in diesem Buch gezeigten Schachteln sind naturbelassen und lediglich mit einem Überzug aus gleichen Teilen Leinölfirnis, Testbenzin und Polyurethan behandelt. Die Mischung wurde mit Pinsel aufgetragen und der Überschuß, nachdem sie klebrig zu werden begann, abgewischt. Da ich aber viele farbige Original-Shaker-Schachteln gesehen hatte, die mir gefielen, probierte ich auch farbige Oberflächenbehandlungen aus.

Einige Schachteln erhielten einen Überzug von schnelltrocknender Künstlerfarbe, der dann leicht übergeschliffen wurde, damit sich die Kanten markierten. Darüber kam dann der gleiche Überzug wie oben.

Bei zwei Schachteln brachte ich zwei Überzüge kontrastierender Farben übereinander auf und schliff dann leicht. So kamen an den Kanten nacheinander die untere Farbe und dann das Holz zum Vorschein.

Nach der Oberflächenbehandlung werden die Schachteln leicht mit Schleifpapier Körnung 220 geschliffen, damit sich die Kanten markieren. Dadurch erhalten sie ein antikes Aussehen.

Stückliste
Größte Schachtel

A. Schachtelwand	1 Stück	1,6 × 80 × 720 mm
B. Deckelrand	1 Stück	1,6 × 20 × 730 mm
C. Boden	1 Stück	6 × 152 × 220 mm
D. Deckel	1 Stück	6 × 156 × 224 mm
E. Kupfernägel		
F. Kleine Nägel		

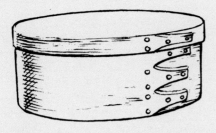

Abmessungen	
A. Schachtelwand	1,6 × 80 × 720 mm
B. Deckelrand	1,6 × 20 × 730 mm
C. Boden	6 × 152 × 220 mm
D. Deckel	6 × 156 × 224 mm

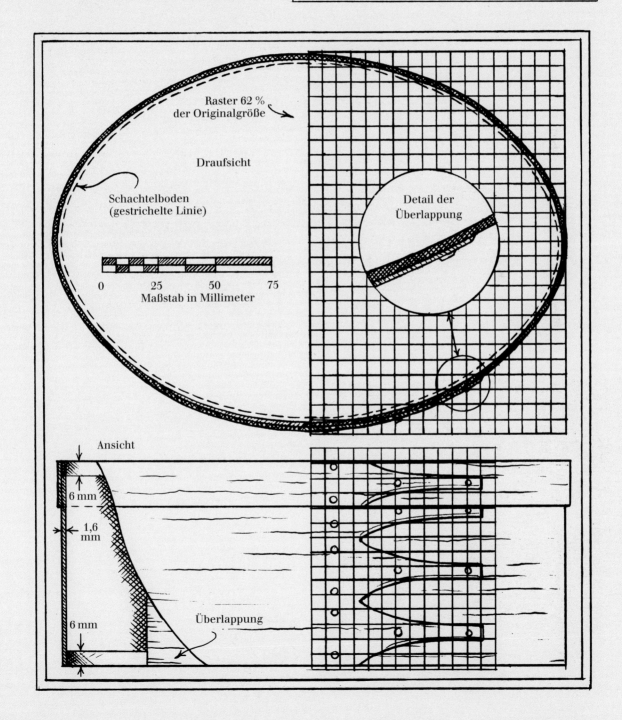

Raster 62 % der Originalgröße

Draufsicht

Schachtelboden (gestrichelte Linie)

Maßstab in Millimeter

Detail der Überlappung

Ansicht

6 mm

1,6 mm

6 mm

Überlappung

Arbeiten von Experten

George Rogers

Harrodsburg, Kentucky

»Jeder Gegenstand, den ich herstelle, sei es Kunst oder
etwas für den Gebrauch, spiegelt die Lebensgeschichte des Baums wider,
aus dem er gefertigt wurde. Meine Aufgabe sehe ich darin,
diese Geschichte anhand meiner Arbeiten aufzuzeigen, die anderen
beim Gebrauch und Berühren Freude bereiten sollen.«

George verwendet in erster Linie Kirschbaumholz und stellt ein
Sortiment von Haushaltsgegenständen
in seiner Werkstatt in Harrodsburg, Kentucky, her.

Kerzenkasten

Ovale Schachteln

Trockengestell

Tragkasten

Ovale Schachtel mit Henkel

Cameron P. van Dyke

Grand Rapids, Michigan

»Als Schreiner bemühe ich mich, Arbeiten von bleibender Schönheit
und Authentizität anzufertigen und dafür zu sorgen,
daß jedes Stück seinen Anforderungen optimal gerecht wird.
Die gleichen Ideale verleihen auch
den Arbeiten der Shaker ihre schlichte Schönheit.«

Ein Satz von Kästchen aus Grünholz (Tecoma leucoxylon)
Foto von Ted Boelema

Ein Satz von Kästchen aus Kirschbaumholz
Foto von Ted Boelema

John Wilson

Hersteller von ovalen Schachteln
Charlotte, Michigan

»Die Herstellung selbst ist für mich viel interessanter als das fertige Produkt. Natürlich erfährt ein fertiges Produkt mehr Aufmerksamkeit, weil man es anfassen kann, aber in der Art, wie es angefertigt wird, liegt das Lebendige der Herstellung. Wenn wir uns auf die Methode der Herstellung konzentrieren, ersparen wir uns die Mühe, Objekte zu erwerben. Dies ist der Unterschied zwischen Handwerkern und Sammlern.«

Zusätzlich zu den vielen hübschen Schachteln, die er jedes Jahr anfertigt, lehrt John die Herstellung in Workshops überall in den USA. Er verkauft auch Material für die Anfertigung von Schachteln.

◀ Die Seitenwand dieser hohen Schachtel – eine Arbeit von John Wilson – besteht aus Platane mit stehenden Jahresringen, während der Deckel (und der Boden) aus Kirschbaumholz hergestellt sind.

Ein weiteres Beispiel der Arbeit von John Wilson: diese flache Schachtel ist aus Vogelaugenahorn und Nußbaummaser hergestellt.

Literatur

Allen, Douglas R., and Jerry V. Grant: *Shaker Furniture Makers.* Hanover, NH, University of New England Press, 1989.

Andrews, Edward Deming, and Faith Andrews: *Shaker Furniture – The Craftsmanship of an American Sect.* New York, Dover Publications, Inc., 1964.

Handberg, Ejner: *Measured Drawings of Shaker Furniture and Woodenware.* Stockbridge, MA, The Berkshire Traveler Press, 1980.

Handberg, Ejner: *Shop Drawings of Shaker Furniture and Woodenware,* Vols. 1, 2, 3 Stockbridge, MA, The Berkshire Traveler Press, 1973–91.

Johnson, Jim, and June Sprigg: *Shaker Woodenware, A Field Guide,* Vols. 1 and 2. Great Barrington, MA, Berkshire House, 1991 and 1992.

Kassay, John. *The Book of Shaker Furniture:* Amherst, MA, The University of Massachusetts Press, 1980.

Larkin, David, and June Sprigg: *Shaker Life, Work, and Art.* Boston, Houghton Mifflin, 1989.

Muller, Charles R., and Timothy D. Rieman: *The Shaker Chair.* Amherst, MA: The University of Massachusetts Press, 1992.

Rieman, Timothy D.: *Shaker – The Art of Craftsmanship.* Alexandria, VA, Art Services International, 1995.

Register

Arbeitsraum, Holzarbeiten für den	83–97
Arbeitsweise	33–38
Aufhängeleiste mit Geräten	12
Bandsäge	56, 57
Bastelläden	30–31
Baubedarfshandlungen	29
Bezugsquellen für Holz	29–31
Biegen von Holz	94
Bohrwinde	22, 23
Bütte	11
Canterbury Shakerdorf, New Hampshire	14
Dampfapparat	94
Dicktenhobel	42
Dreibeintisch	17
Eimer	28, 36
Einzelfertigung, Eindruck von	39–40, 43, 45–46
England, die Shaker in	9
Fisher, Thomas	18
Formen für Schachteln	101
Fußschemel	74–75
Garnrollenhalter mit Nadelkissen	76–78
Gleichheit	9
Green, Henry	18–19
Griff-Entwürfe	43
Güteklassen	28–29
Hancock Shakerdorf	10–11, 18–20, 28
Harvey, Charles	47–53
Heimwerkermärkte	30
Kästchen aus Nußbaum und Kirsche mit Eschenhenkeln	92–97
Holz, selbstgefälltes	32
Holzarbeiten der Shaker	15–20, 48–49
Holzhämmer, groß und klein	88–91
Joseph, Vater	11, 13
Kästchenherstellung	50
Keil, gefangener	90
Kerzenhalter	86–87
Kerzenkästchen aus Eichenmaser	84–85
Kerzenkästchen, Variationen	39–46
Kleiderbügel	79–81
Kleiderbügel, fünfarmig	12
Küche, Holzarbeiten für die	55–71
Lee, Mutter Ann	9, 13, 20
Lieferanten für das Holzgewerbe	30
Lucy, Mutter	11, 13
Mail-Order-Lieferanten	31
May, Warren	49
Meacham, Vater Joseph	10–11, 13, 17
Nähstube, Holzarbeiten für die	76–81
New Lebanon, New York	9, 11, 17, 23
New York, die Shaker in	10–11
Niedergang der Shaker	14
Oberflächenbehandlung	110
Pfeifenständer mit Pfeifen	12
Probieren bei Holzarbeiten	34–38
Regeln der Shaker	13
Rogers, George	114–115
Rückensäge	22, 23
Rührlöffel aus Sassafras	64–62
Sabbathday Lake, Maine	14–17
Sägewerke	31–32
Schachspiel, mexikanisches	23–24
Schachteln, ovale	99–111
Scheffel aus Nußbaum	56–59
Schlichtheit	9, 48
Schnitzeisen	34, 58
Schöpfkelle	10
Schöpflöffel	20
Schöpflöffel aus Nußbaum	63–65
Schweifhobel	24, 25, 80
Serienfertigung	41–46
Serienfertigung, Abwechslung bei	40–43

Shaker	7–9, 15–20	Vertrag der Shaker	13
Spucknapf	19	Vorratskammer, Holzarbeiten für die	99–111
Stiefelknecht	12	Wardley, James und Jane	9
Stil, viktorianischer	18	Werkstoffe	27–32
Stilmöbel	52	Werkzeuge	21–26
Tablett aus Riegelahorn	66–67	Wilson, Delmer	19
Tablett aus Kirsche mit Trennwand	68–71	Wilson, John	117
Tragkästen, ovale	18	Wright, Mutter Lucy	11, 13
Van Dyke, Cameron P.	116	Ziehmesser	58
Verbreitung der Shaker	13	Zinkenverbindung	44, 45–46
Verleimung	34–37	Zölibat	9

40 Drechselkurse im Jahr!

Grundkurs

Schalendrehen im Grundkurs

Kugeldrehen

Kaffeepause

d’n’s
Drechselstube Neckarsteinach
Fachversand und Kurszentrum

Vergolden

Kursinfo gratis!

Finkenweg 11
69239 Neckarsteinach
Tel +49 (0)62 29-20 47
Fax +49 (0)62 29-96 02 41
email@drechselstube.de

Pfeifendrehen

www.drechselstube.de

Damit die Handarbeit zum Fest für die Sinne wird: Holzbearbeitungswerkzeuge aus dem Hause DICK. Werkzeugkatalog und Seminarprogramm kostenlos.

DICK GmbH, Donaustraße 51, 94526 Metten
Telefon: 0991 - 910971, Fax: 0991 - 910952
www.dick-gmbh.de, e-mail: info@dick-gmbh.de

Umfang	144 Seiten
Format	21,5 × 25,5 cm
Abbildungen	53 farbige und 139 Konstruktionszeichnungen
Einband	flexibel
ISBN	3-88746-446-X
Bestell-Nr.	9217

Robert Sonday

Shaker Holzarbeiten Band 2
Zeitlos schöne Möbel *selbst gemacht*

Wir nennen es heute meisterhaftes Design und funktionalen Stil – damals war es Ausdruck eines gottgefälligen Lebens und der Konzentration auf das Wesentliche, das die Angehörigen der Shaker-Sekte im 19. Jahrhundert dazu bewog, ihre schlichten, dennoch harmonischen und immer funktionsgerechten Möbel zu entwerfen und selbst zu fertigen. Der hervorragende Ruf der Shaker auf dem Gebiet der Holzhandwerke und des Möbelentwurfs ist bis heute ungebrochen.

Dieses außergewöhnliche Vorlagen- und Anleitungsbuch zeigt, wie man in der eigenen Werkstatt „Klassiker" der Shaker-Handwerkskunst nachbauen kann. Es sind 30 Beispiele für charakteristische Möbel und Hausgeräte, deren Konstruktionen international bekannte amerikanische Designer in der eigenen Praxis erprobt und in effektiven Bauanleitungen für heutige Holzhandwerker erschlossen haben: schlichte Stühle in unterschiedlichen Formen aus verschiedenen Hölzern, die allesamt die auf ganz charakteristische Art geflochtenen Sitzflächen aufweisen, die berühmten Shaker-Schaukelstühle, verschiedene Tische, vom elegant-schlichten Piedestal bis hin zum verblüffend modern wirkenden großen Eß- und Arbeitstisch. Kleiderständer, Kerzenhalter, ovale Boxen und Nadelkissen sind kleinere, Kommoden, diverse Schränke und eine Sitzbank dagegen aufwendigere Projekte.

Jedes der Arbeitsvorhaben beinhaltet detaillierte Zeichnungen mit genauen Maßangaben, eine Materialliste und ausführlichen Erklärungen zur Konstruktion. Brillante Farbfotos vermitteln zusätzliche Inspirationen. Neulinge im Möbelbau werden während der Arbeit schnell Erfahrungen gewinnen und die „alten Hasen" begeistert sein über die Herausforderung, mit eigenen Händen zeitlos schöne Shaker-Objekte aus Holz zu erschaffen.

Verlag Th. Schäfer

Umschlag

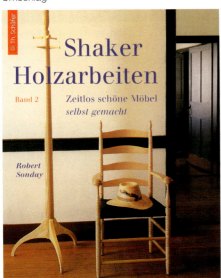

Musterseiten

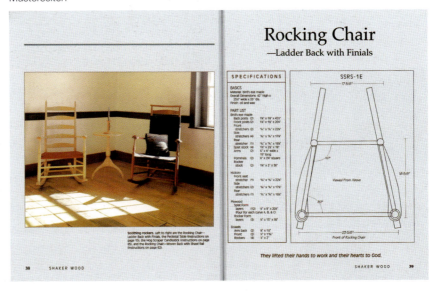

Umfang	208 Seiten
Format	20 × 28 cm
Abbildungen	397 Abbildungen
Einband	flexibel
ISBN	3-88746-423-0
Bestell-Nr.	9215

Mike Abbott
Grünholz
Die Kunst, mit frischem Holz zu arbeiten
Anleitungen und Beispiele

Eine uralte Technik, neu entdeckt! Dieses außergewöhnliche Anleitungsbuch lehrt die Kunst, frisches Holz in wundervolle Möbelstücke oder nützliche Gerätschaften zu verwandeln. Mit „grünem", das heißt frisch gefälltem, „nassem" Holz zu arbeiten, ist gesund, sehr kreativ, nicht teuer und einfach zu erlernen.

Die Idee des Grünholz-Arbeitens besteht darin, *mit* dem Holz zu arbeiten und nicht dagegen. Diese vor ein paar Jahren wieder entdeckte Technik wurde in Großbritannien sehr schnell populär und ist gegenwärtig dabei, ihren Siegeszug auch in der Hobbywerker-Szene Deutschlands anzutreten. Die Anhänger dieser Kunst schlagen ihre Werkstatt im Hof, Garten oder sogar in den Wäldern auf. Auch die Drehbank ist selbst gemacht und fußgetrieben – der besondere Spaß ist nämlich, ohne den Lärm und die Gefahren kostspieliger elektrischer Maschinen zu arbeiten.

Der Autor Mike Abbott erklärt leicht fasslich die Geheimnisse der Holzarten und ihre Verwendungsmöglichkeiten als Nassholz, er beschreibt die benötigten Werkzeuge, ihre Handhabung und Pflege, und er zeigt dem Leser Schritt für Schritt die Vorbereitung und Durchführung der Arbeiten. Ob gedrechselte Schale, Stuhl mit Rindengeflechtbespannung, Heuharke oder Gartenzaun – diese Anleitungen sind ein toller Gewinn für das Hobby Holz!

Umfang	96 Seiten
Format	24 × 22 cm
Abbildungen	163, alle farbig
Einband	fest gebunden
ISBN	3-88746-455-9
Bestell-Nr.	9113

Birgit Østergaard-Jensen
Weiden flechten
Ein Grundkurs

Aus Dänemark ist ein tolles neues Hobby zu uns gekommen: auf dem eigenen Grundstück eine Weide zu pflanzen, etwas abzuwarten und dann aus den Zweigen wunderbare und nützliche Dinge zu flechten (natürlich kann man auch fertiges Weidenmaterial aus dem Handel beziehen). Das Interesse am Weidenflechten ist mittlerweile auch in Deutschland riesengroß, und dieses wunderbar bebilderte Anleitungsbuch kommt gerade recht – zeigt es doch allen, die Lust bekommen haben, es selbst einmal zu probieren wie es geht.

Auf lebendige und engagierte Weise berichtet die Autorin über das Wesen der Weide und gibt dann in den weiteren Kapiteln nützliche Hinweise zum Arbeiten mit dem Weidenmaterial. Kurz und eingängig, dabei immer mit der nötigen Präzision, wird der Arbeitsplatz und das Werkzeug beschrieben, gefolgt von Anleitungen zu den einzelnen Arbeitsvorhaben: Körbe unterschiedlicher Art, Vogelhäuschen, dekorative Blumentopfhüllen, Sitzmöbel für Puppen und andere attraktive Objekte, die in der Freizeit selbst gemacht werden können und sich hervorragend als Geschenke eignen.

Dieses Anleitungsbuch wendet sich vor allem an Anfänger. Die meisten Modelle sind so einfach, daß sie zusammen mit Kindern ab zehn Jahren geflochten werden können. So eignet sich das Werk hervorragend für den Unterricht an Schulen und anderen Bildungseinrichtungen, in (heil-)therapeutischen Einrichtungen und für Flechtkurse jeder Art.

Umfang	144 Seiten
Format	21 × 27,5 cm
Abbildungen	324, überwiegend farbig
Einband	flexibel
ISBN	3-88746-452-4
Bestell-Nr.	9111

Michael O'Donnell
Grünholz drechseln
Anleitungen und Beispiele

Hobby und Handwerk

Verlag Th. Schäfer

Eine umfassende und einzigartige Einführung in das Grünholzdrechseln! Der schottische Meisterdrechsler Michael O'Donnell ist einer der am weitesten fortgeschrittenen Experten auf dem Gebiet des Grünholzdrechselns, einer Technik, die sich mittlerweile auch in Deutschland größter Beliebtheit erfreut.

Da man zum Grünholzdrechseln nasses, das heißt frisch gefälltes Holz verwendet, kann man sich die Holzart vor Ort aussuchen und Holz aus eigenem Bestand benutzen, ein „gesundes" und recourcenschonendes Verfahren. In seinem in der Drechslerszene Großbritanniens schnell zum „Bestseller" avancierten Anleitungswerk zeigt O'Donnell in einer ausgiebigen technischen Einführung, wie man geeignetes Holz erntet und lagert, und wie man die natürliche Maserung und andere Gegebenheiten zur Gestaltung der Objekte ausnutzt.

In sechs praktischen Arbeitsvorhaben lernt der Benutzer, ästhetisch ansprechende Gefäße in unterschiedlichen Formen zu drehen, Schalen mit lichtdurchlässigen, transparenten Wandungen und äußerst dünnwandige Kelche, die die Schönheit des Holzes optimal zur Geltung bringen. Der eingängige und verständliche Text, die übersichtlichen, äußerst präzisen Zeichnungen und nicht zuletzt die wunderbar klaren Fotografen machen das Buch zu einem unentbehrlichen Helfer für die tägliche Praxis.

Format	VHS/PAL
Spieldauer	78 Minuten
ISBN	3-88746-456-7
Bestell-Nr.	9601

Michael O'Donnell
Grünholz drechseln
Das Video zum Buch

Hobby und Handwerk

Verlag Th. Schäfer

In diesem 78minütigem Video bekommt der Drechsler die Gelegenheit, einem weltweit bekannten Fachmann auf dem Gebiet des Grünholzdrechselns genau auf die Finger (und auf Werkstück und Werkzeuge) zu sehen. Der Betrachter erlebt sozusagen hautnah, wie aus frisch gefälltem „grünen" Holz an der Drehbank Schritt für Schritt kleine Kunstwerke entstehen.

Michael O'Donnell überzeugt nicht nur durch seine Persönlichkeit und hervorragende Präsentation, sondern vor allem durch seine meisterhafte Drechseltechnik. Ein optischer Hochgenuß schon, wie er an sechs ausgewählten und außergewöhnlichen Projekten demonstriert, wie man Gefäße aus Quer- und Hirnholz mit hauchdünnen, lichtdurchlässigen Wandungen drechselt, einige davon mit Naturrand.

Auf das Grünholzdrechseln ist Michael O'Donnell seit 1981 spezialisiert. Seinen weltweit hervorragenden Ruf genießt er nicht nur für seine dekorativen Arbeiten, die er zusammen mit seiner Frau Liz geschaffen hat, sondern vor allem für seine Tätigkeit als Lehrer und Ausbilder, mit praktischer Erfahrung auf dem Kontinent, in Skandinavien, Amerika und Australien. Michael ist Autor von zahlreichen Fachartikeln in Holzhandwerker-Zeitschriften und hat zwei Bücher geschrieben, eines davon ist „Grünholz drechseln". Er kommt regelmäßig nach Deutschland, um Grünholz-Drechselkurse abzuhalten.

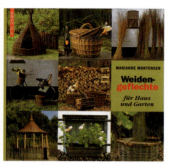

Marianne Mortensen
Weidengeflechte *für Haus und Garten*

Dieses Buch zeigt, wie sich Haus und Garten mit lauter tollen Objekten aus Weidengeflecht verschönern lassen. Die Autorin informiert, wie man Körbe und Geflechte aller Art macht. Die Palette reicht dabei vom Einkaufskorb bis hin zu ausgefeilten Flecht-Kreationen. Ideal für Balkon und Garten sind Spaliere für Blumen, Sitzmöbel, (lebende) Zäune, Umfriedungen, Sonnenschirme, Blumenkörbe, Bänke, Schaukeln, Gartenhäuser, Hütten und Wigwams für Spiel und Spaß.

168 Seiten, 24,5 × 22,5 cm, 54 zum Teil ganzseitige Farbabbildungen, über 200 Illustrationen im Text, mehrfarbig bedruckter fester Einband
Best.-Nr. 9100 · ISBN 3-88746-429-X

Bo Bergman
Schweden-Messer
Griffe und Scheiden – selbst gemacht

Dieses Buch zeigt, wie man individuelle Griffe, lederne Messer-Scheiden und kunstvolle Futterale den eigenen Bedürfnissen und Ansprüchen folgend selbst machen und eine simple Klinge in ein prachtvolles Schweden-Messer mit allen Schikanen verwandeln kann. Bo Bergmans Buch wendet sich sowohl an den Anfänger als auch an den handwerklich versierten Hobbywerker, der ein aufwendiges Meisterstück schaffen will. Über das Einsetzen der Klingen, über raffinierte Dekorationen und die Oberflächenveredelung wird ausführlich berichtet.

140 Seiten, 17 × 24 cm, 324 Abbildungen im Text mehrfarbig bedruckter, flexibler Einband
Best.-Nr. 9109 · ISBN 3-88746-402-8

Margery Brown
Geflechte für Sitzmöbel

Das Anleitungsbuch zeigt, wie sich bei Stühlen und anderen Sitzmöbeln Sitzflächen und Rückenlehnen aus Rohr, Binsen, Weide und Kordel wiederherstellen lassen. Die einzelnen Arbeitsschritte werden leicht verständlich und klar bebildert erklärt. Das Buch beschreibt Werkzeuge, Materialien und traditionelle Flechttechniken verschiedener Länder sowie moderne Methoden für neue Dessins.

96 Seiten, 17 × 24 cm, 100 Abbildungen mehrfarbig bedruckter, flexibler Einband
Best.-Nr. 9104 · ISBN 3-88746-280-7

Patrick Spielman/Sherri Spielman Valitchka
Fröhliches Landleben
Vorlagen und Anleitungen

Patrick Spielman, der bekannte amerikanische Bestseller-Autor auf dem Gebiet des Hobby-Heimwerkens, präsentiert zusammen mit seiner Tochter Sherri ein neues Anleitungs- und Vorlagenbuch für die Laubsäge oder die elektrisch betriebene Feinschnittsäge. Eine phantastische Auswahl von 400 Musterzeichnungen, nach denen ein ganzer Bauernhof voller Tiere und andere entzückende ländliche Motive gesägt werden können. Die Briefhalter, Schlüsselbretter, Untersetzer, Bildhalter, Regale usw. haben großen praktischen Wert.

176 Seiten, 17 × 24 cm, mit 313 Abbildungen mehrfarbig bedruckter, flexibler Einband
Best.-Nr. 9209 · ISBN 3-88746-400-1

Hans Mårtensson
Haus und Garten mit Holz gestalten

Das Buch bietet eine Fülle von Anleitungen und praktischen Tips, mit denen sich Eigenheim, Garten, Gartenhaus oder Ferienhaus mit Holz selbst gestalten lassen. Der Außenbereich des Hauses und der Garten werden so zu einem zusätzlichen „Wohnraum im Freien". Das Buch vermittelt anschaulich die Bauweise von Zäunen, Toren, Treppen, Veranden, Terrassen, Überdachungen und kleineren Gebäuden bis hin zu liebevollen Details.

152 Seiten, 19,5 × 26 cm, ca. 210 z. T. mehrfarbige Abb. mehrfarbig bedruckter, fester Einband
Best.-Nr. 9105 · ISBN 3-88746-296-3

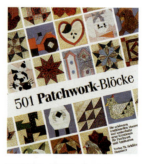

Joan Lewis und Lynette Chiles
501 Patchwork-Blöcke
Die schönsten traditionellen Muster und zauberhafte neue Kreationen für Patchwork und Applikation

Endlich ein Buch, das sich ganz um Patchwork-Blöcke dreht! Mit seiner Riesenauswahl an Mustern und Vorlagen ist es ein einzigartiger Schatz für jede Quilterin, die Freude an abwechslungsreicher Arbeit hat. Schon allein das Blättern und Beschauen der qualitätvollen Farbaufnahmen macht Spaß! Ein Buch, das nicht nur Fortgeschrittenen viele interessante Anregungen vermittelt, sondern auch Anfänger begeistern wird.

320 Seiten, 23 x 24,5 cm, ca. 1100 Abbildungen mehrfarbig bedruckter, fester Einband
Best.-Nr. 9304 · ISBN 3-88746-365-X

Hans Mårtensson
Holzspielzeug und Kindermöbel selbst gemacht

Ein Buch für alle, die gern mit Holz arbeiten, für Erwachsene ebenso wie für Jugendliche. Selbst Kinder unter 10 Jahren können mithelfen. Zu finden sind einfache Modelle, aber auch anspruchsvollere Stücke für den fortgeschrittenen Bastler. Ob Schiffe, Schlitten, Kinderstuhl, Arbeitstisch oder großes Spielhaus – alle Modelle sind kindgerecht, robust und einfach konstruiert.

96 Seiten, 15 × 20 cm, 105 Abbildungen mehrfarbig bedruckter, flexibler Einband
Best.-Nr. 9201 · ISBN 3-88746-248-3

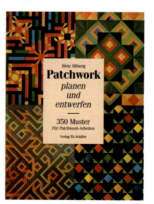

Birte Hilberg
Patchwork *planen und entwerfen*
350 Muster für Patchwork-Arbeiten

Dieses wunderbar illustrierte und sehr inspirierende Buch präsentiert über 350 Musterentwürfe für Patchwork-Arbeiten, die alle aus leicht zu verwendenden Quadraten bestehen. Jeder Entwurf baut auf wenigen Grundquadraten auf, so daß selbst die kompliziertesten Muster leicht vergrößern und auf Schablonen übertragen lassen. Die daraus folgende riesige Bandbreite von geometrischen Mustern bietet eine Fülle von neuen und überraschenden Ideen für Wandbehänge, Bettüberwürfe oder Kissen und andere Quilts.

192 Seiten, 21 × 28 cm, 350 Muster und viele Abbildungen im Text, flexibler Einband
Best.-Nr. 9310 · ISBN 3-88746-450-8

*Bücher-Raritäten,
die unsere Kultur
und Technik
in der Vergangenheit
mitgeprägt haben.*

Verlag Th. Schäfer

Theodor Krauth / Franz Sales Meyer
Die Möbelschreinerei
Das Schreinerbuch II (1902)

Th. Krauth und F. Sales Meyer behandeln hier wie auch in der Bauschreinerei ausführlich alle Techniken und das Material des Schreinerhandwerks. In umfassender Form, aufgelockert durch viele hundert Abbildungen, wird in diesem Buch die ganze Schönheit tischlermäßig gefertigter Möbel eindrucksvoll vorgestellt. Auch für den versierten Hobbytischler ist dies ein nützliches Werk.

*440 Seiten, 17,5 × 24 cm, 136 Tafeln, 276 Abbildungen
fester Einband mit Goldprägung*
Best.-Nr. 1211 · ISBN 3-88746-002-2

Adolf Opderbecke
Das Holzbau-Buch (1909)

„Das Holzbau-Buch" ist ein Standardwerk, das bis heute nichts von seinem Wert eingebüßt hat. Neben der didaktisch hervorragenden textlichen Darstellung sind besonders die detailreichen, präzisen Zeichnungen wertvoll. Die Tätigkeiten des Zimmermanns und des Bautischlers werden umfassend beschrieben, wobei ein Schwergewicht bei den Holzverbindungen, Wand- und Dachkonstruktionen und der formalen Ausbildung von Innenausbauten liegt. Unentbehrlich für jeden Praktiker, der sich mit Holzbauten befaßt.
Begleittext von Dipl.-Ing. Manfred Gerner, Fulda

352 Seiten, 21 × 28 cm, 736 Abbildungen im Text und 30 ganzs. Tafeln, mehrfarbig bedruckter, fester Einband
Best.-Nr. 1025 · ISBN 3-88746-339-0

J. Brunschwiler
Stilkunde für Schreiner (1957)

Brunschwilers „Stilkunde" ist ein Buch für die Praxis; kein trockenes Lehrbuch, sondern ein übersichtlicher, gut lesbarer Leitfaden zur stilistischen Entwicklung der verschiedenen Möbel vom Mittelalter bis in unser Jahrhundert. Die stilbestimmenden Elemente und Merkmale (Ornamente, Beschläge etc.) sowie die einzelnen Möbelformen werden beschrieben und im Bild gezeigt. Ein wichtiges Buch für Fachleute im Möbelhandwerk, aber auch für Möbelsammler.
Begleittext von Dr. Hans Stula, Hannover

*304 Seiten, 14,8 × 21 cm, 247 Abbildungen, 2 Tafeln
mehrfarbig bedruckter, fester Einband*
Best.-Nr. 1221 · ISBN 3-88746-263-7

Standardwerk des berühmten Architekturprofessors

Carl Schäfer
Deutsche Holzbaukunst (1937)

Die »Deutsche Holzbaukunst« war Lehrstoff und Grundgerüst für Generationen von Architekten, Bauhandwerkern und Hausforschern. Das Buch bietet eine umfassende Darstellung der Konstruktionsprinzipien von Holzbauten und ihrer ureigenen Formsprache. Ausgehend von frühesten Bauern- und Bürgerhäusern beschreibt Schäfer Entwicklungen in verschiedenen deutschen Landschaften mit fast 400 Illustrationen Rissen, Ansichten und Details!

*104 Seiten, 17 × 24 cm, 426 Abbildungen auf 32 Tafeln
mehrfarbig bedruckter, flexibler Einband*
Best.-Nr. 1029 · ISBN 3-88746-432-X

Karl Matthäy
Neuestes Lehr-, Modell- und Ornamentenbuch (1840)

Außergewöhnliches Lehr- und Vorlagenbuch für Bau- und Möbeltischler und verwandte Holzhandwerke. Das Werk aus der Biedermeierzeit sollte dem Praktiker ein Gefühl für Ästhetik und Proportion vermitteln und die unentbehrliche Grundlage für qualitätsvolle Werkstücke sein. Es zeigt auf seinen Tafeln in Schnitten, Rissen und detailreichen Aufsichten zeittypische Möbel und Inneneinrichtungen. Der Text erläutert die Formen und Konstruktionen der einzelnen Werkstücke.

*108 Seiten, 22 × 32,5 cm, 60 Tafeln m. 587 Einzelabbild.
mehrfarbig bedruckter, fester Einband*
Best.-Nr. 1218 · ISBN 3-88746-063-4

Fritz Spannagel
Der Möbelbau (1954)

Spannagels bekanntestes Fachbuch „Der Möbelbau" ist auch heute noch aktuell und gefragt. Seine Bedeutung für die Praxis ergibt sich aus den vielen Arbeitsanleitungen, den erklärenden Abbildungen, den detaillierten Beschreibungen der Holzverbindungen und anderer Techniken der handwerklichen Holzverarbeitung. Das Handbuch richtet sich vor allem an Schreiner (Tischler), aber auch an Architekten sowie Lehrer und Liebhaber des Holzhandwerks.

*368 Seiten, 22 × 29,7 cm, 1538 Abbildungen
mehrfarbig bedrucker, fester Einband*
Best.-Nr. 1217 · ISBN 3-88746-062-6

H. F. A. Stöckel
Die Tischlerkunst in ihrem ganzen Umfange (1823)

Eine der frühesten umfassenden Darstellungen des Tischlerhandwerks in Deutschland. Schwerpunktthemen sind das Werkzeug und die Werkstatt des Tischlers, der Werkstoff Holz, die Fertigung und der Einbau von Fenstern, Türen, Toren, Fußböden und Vertäfelungen, die Grundbegriffe und Regeln des konstruktiven Zeichnens und Entwerfens sowie die im Handwerk gebräuchlichen Rezepturen und arbeitserleichternde Erfindungen.
Begleittext von Prof. Hans Michaelsen, Potsdam und Ralf Buchholz, Hildesheim

*408 Seiten, 10,5 × 17 cm, 18 ganzseitige Tafeln
mehrfarbig bedruckter, fester Einband mit Prägungen*
Best.-Nr. 1251 · ISBN 3-88746-388-9

Max Graef
Möbel im Jugendstil (1904)

Vorlagenbuch zur Fertigung von Möbeln im eleganten Stil der Jahrhundertwende. Enthält akribische Einzelzeichnungen der wichtigsten Möbeltypen samt Erläuterungen mit Maßangaben. Besonders wertvoll für die Fertigung gedrechselter und geschnitzter Einzelteile sind die 5 zusätzlichen Modellbogen mit zahlreichen Details im Maßstab 1:1.

88 Seiten, 22×28 cm, 26 Tafeln, 290 Abbildungen
5 Einstecktafeln mit 1:1-Vorlagen
mehrfarbig bedruckter, fester Einband
Best.-Nr. 1235 · ISBN 3-88746-282-3

Jugendstil – Möbel und Zimmereinrichtungen um 1900

Durch diesen Reprint eines repräsentativen Bildbandes wird ein Werk der Jahrhundertwende wieder zugänglich, das einen anschaulichen Eindruck von der Wohnkultur des Jugendstils vermittelt. Gezeigt werden fast ausschließlich ganzseitige Bildtafeln, komplette Zimmereinrichtungen, zahlreiche typische Einzelmöbel und andere Einrichtungsgegenstände (Bilder, Lampen, Teppiche). Die repräsentative Ausstattung macht den Band auch zu einem wertvollen Geschenk.

188 Seiten, 24×33 cm, 90 Tafeln im Duplex-Druck,
bedruckter, fester Einband
Best.-Nr. 1311 · ISBN 3-88746-009-X

Friedrich Schwenke
Gründerzeit – Möbel und Zimmereinrichtungen (1881, 1884)

Mit der vorliegenden Bilddokumentation wird die großbürgerliche Wohnkultur des ausgehenden 19. Jahrhunderts wieder lebendig. Das repräsentative Tafelwerk enthält nicht nur großformatige Zeichnungen und Fotos einzelner Möbelstücke, sondern auch ganzer Zimmereinrichtungen. Auf diese Weise wird der Kunst- und Lebensstil der oft „Gründerzeit" genannten Periode des Historismus wieder sichtbar.
Begleittext von Dr. Hans Stula, Hannover

164 Seiten, 24×33 cm, 72 Tafeln
mehrfarbig bedruckter, fester Einband mit Prägungen
Best.-Nr. 1313 · ISBN 3-88746-088-X

Gebrüder Thonet
Möbel aus gebogenem Holze
Hauptkatalog aus dem Jahre 1904

Historischer Bestandskatalog von Bugholzmöbeln mit der damaligen Produktionspalette der Weltfirma Thonet. Gezeigt werden qualitätsvolle Abbildungen der Möbeltypen samt Formvarianten, die Artikelnummern, Maße und Preise von verschiedenen Sitzmöbeln einschließlich der „Klassiker", Tische, Betten und zahlreiche Sondermöbel. Hochinteressant für Praktiker der holzverarbeitenden Handwerke, Restauratoren, aber auch Sammler, Händler und Kunsthistoriker.

128 Seiten, Großformat 25×30 cm, 1316 Abbildungen,
bedruckter, fester Einband m. Silber- u. Farbprägungen
Best.-Nr. 1315 · ISBN 3-88746-396-X

Alexander Schöpp
Alte deutsche Bauernstuben (1934)

Dieser reich illustrierte Bildband zeigt die ganze Bandbreite der historischen bäuerlichen Wohnstuben in Deutschland, von der ostfriesischen Nordseeküste bis hin in die Berge Oberbayerns: Prachtvolle bemalte Schränke, Zimmereinrichtungen in ihrer schlichten Schönheit, prunkvolle Truhen und reich beschnitzte Stühle, eine Fülle von Kleingerät, Teller-, Tassen- und Löffelbretter, Salzkasten, Teebretter, Feuerkieken, Wandschränkchen und Webekämme. Eine atemberaubende Sammlung!

88 Seiten, 22×32,5 cm, 110 Abbildungen,
mehrfarbig bedruckter, fester Einband mit Prägungen
Best.-Nr. 1312 · ISBN 3-88746-034-0

H. Miehr
Praktisches Handbuch der Lackir-, Vergoldungs-, Bronzir-, Beiz-, Färbe- und Polirkunst (1852)

Arbeitsanleitungen für die Oberflächenbehandlung kunsthandwerklicher Objekte. Ein praktischer Erfahrungsschatz vorangegangener Jahrhunderte. Behandelt wird das Lackieren mit Leinöl, Terpentinölfirnissen und Spirituslacken, das Beizen und Färben mit pflanzlichen und tierischen Farbstoffen, das Vergolden und das Polieren, unter anderem mit Schellack und Bienenwachs. Wichtig für Hobbywerker, professionelle Handwerker, Kunsthistoriker und Restauratoren.

132 Seiten, 11,5×17 cm, 3 Abbildungen im Text
mehrfarbig bedruckter, fester Einband mit Prägungen
Best.-Nr. 5224 · ISBN 3-88746-336-6

Verlag Th. Schäfer
im Vincentz Verlag KG

Postfach 62 47 · 30062 Hannover
Schiffgraben 43 · 30175 Hannover
Telefon (05 11) 99 10 - 012
Telefax (05 11) 99 10 - 013
Internet: www.libri-rari.de

Gesamtverzeichnis und Buchbestellungen:

Telefon **(05 11) 99 10 - 033**
Telefax **(05 11) 99 10 - 029**
Internet **www.libri-rari.de**
Post **Postfach 62 47**
30062 Hannover